Gotzon Velez de Mendizabal

Verzehrendes Feuer

Gotzon Velez de Mendizabal

Verzehrendes Feuer

Sr. Angela Maria Autsch:
Der Engel von Auschwitz

Salterrae
1997

Aus dem Spanischen übersetzt von
Mag. Franz Buhl o.ss.t.

Titel der spanischen Originalausgabe:
"El Angel de Auschwitz. Sor Angela, Trinitaria."

Die Deutsche Bibliothek - CIP Einheitsaufnahme

Vélez de Mendizabal, Gotzon:
Verzehrendes Feuer : Sr. Angela Maria Autsch: der Engel von Auschwitz / Gotzon Velez de Mendizabal. [Übers. Franz Buhl]. - Maria Roggendorf : Salterrae, 1997
Einheitssacht.: El ángel de Auschwitz <dt.>

Druckerlaubnis des Ordensoberen
P. José Gamarra,
Generalminister der Trinitarier
Rom, 8. Juni 1991

Nihil obstat, Miguel Navarro Sorni
Imprimatur, + Rafael Sanus Abad, Auxiliarbischof
Valencia, 9. Juli 1991

Fotos:Trinitarierinnen, Mödling

Layout und Repro: MultiGrafik, Maria Roggendorf

Druck: Ferdinand Berger & Söhne GesmbH, 3580 Horn

ISBN 3-901297-09-X

Inhalt

Präsentation 7

Vorwort 11

Kapitel 1
Sauerland: Kindheit und Jugend 15

Kapitel 2
Ordensschwester 40

Kapitel 3
Polizeigefangenenhaus Innsbruck 71

Kapitel 4
Frauenkonzentrationslager Ravensbrück 81

Kapitel 5
Auschwitz 118

Nachwort 168

Bibliographie 173

PRÄSENTATION

Die vorliegende Biographie entstand völlig unvorhergesehen, wie der Autor selbst in seinem Vorwort sagt. Der Geist des Herrn hat nämlich seine eigene Art, die Dinge zu vollbringen, und manchmal lässt er aus der Stille und Vergessenheit Personen hervortreten, deren Leben anderen Menschen dabei helfen kann zu glauben, oder den Glauben zu stärken. So war es bei Schwester Angela. Der Geist hat sie aus der Stille gerufen, denn ihr Leben war eine Botschaft der Liebe, die zum Dienst und zur Hingabe an die Menschen wurde, vor allem an die versklavten Schwestern.

Es ist immer der Geist, der Männer und Frauen dazu drängt, die Nachfolge Christi in einer solchen Treue zu leben, dass sie mitunter zu einer vollkommenen Hingabe des eigenen Lebens an die Brüder und Schwestern, die Menschen, wird: "Es scheint fast, dass Gott diese Frauen packt; und so wie die Pflöcke eines Zeltes, so verankert er sie, damit ihr unerschütterlicher Glaube dem einfachen Volk zur Stütze wird".

Meines Erachtens ist das die Botschaft, die P. Gotzon in Schwester Angelas Leben besonders unterstreichen wollte: ihren Glauben, ihre Liebe, ihre Freiheit und ihre Hilfsbereitschaft, die sie in den Konzentrationslagern auf beispielhafte Weise vorlebte, also an Orten des Hasses, der Unterdrückung und des Todes. Dort zeigte Angela Tag für Tag, dass sie fähig war, immer für ihre Leidensgenossinnen zu sorgen. Dort stellte sie unter Beweis, dass sie mitfühlend war mit den anderen Gefangenen, und so konnte sie ihnen als Licht erscheinen, als Zärtlichkeit oder als Zufluchtsort, je nach Bedürfnis und Leiden der Einzelnen.

Der Aufbau der Biographie ist einfach. Die ersten beiden Kapitel beschreiben in groben Zügen den geographischen und soziopolitischen Rahmen der Jahre, die Schwester Angela bei ihrer Familie und in der Trinitarierinnenkongregation verbracht hat. Die folgenden drei beschreiben vor allem das Leben in den Konzentrationslagern: die Ankunft der Gefangenen, den Appell usw. Es tritt eine Figur besonders hervor: Schwester Angela, Vorbild eines Lebens voll Liebe zu Christus und zu den Brüdern und Schwestern, vor allem zu ihren Mitgefangenen. Hier gibt ihr der Geist die Gelegenheit, voll und ganz auf christliche Weise diese doppelte Liebe zu leben bis zu ihrem Tod.

Schwester Angelas Familie hat ihren Sitz im Sauerland, dem "Land der tausend Berge" mit seinen wunderschönen kleinen Orten. Dort wohnte die Familie Autsch, und dort verstrich auch die Kindheit und Jugendzeit "Mariechens", wie ihre Geschwister und Freunde sie nannten.

Mariechen wird in eine christliche Familie hineingeboren und wächst in ihr heran. Dort wird ihr Leben klar vorgezeichnet. Die Familie und der Religionsunterricht der Pfarre legen das Fundament ihres christlichen Lebens. Von Kindheit an sieht sie die Eucharistie, das Gebet und die kindliche Liebe zu Maria als Mitte ihres Lebens an.

Dies wird sich im Laufe ihres Lebens als Trinitarierin weiter festigen. Ihre Weihe an Jesus, ihre enge Verbundenheit mit ihm im Gebet und im Dienst werden vertieft und mit neuen Elementen der trinitarischen Spiritualität bereichert: Die vertrauensvolle Hingabe an den Vater und ihre Offenheit gegenüber dem Geist helfen ihr, das trinitarische Charisma besser zu verstehen und zu leben. Sie lernt zu verstehen, dass Trinitarierin-Sein notwendigerweise bedeutet zu erlösen, zu befreien, barmherzig zu sein gegenüber den Menschen, die Ungerechtigkeit und Unterdrückung erleiden.

In der trinitarischen Gemeinschaft hat sie jene großartige Einsicht, die man als prophetisch bezeichnen könnte: "Durch das ‘Eingesperrtsein’... findet man die Freiheit.” Sie wird später in den Konzentrationslagern die Gelegenheit haben, dies in seiner Tiefe zu erfahren. Schon als “Eingesperrte” erlebt sie die Freiheit und die Befreiung, denn sie ist offen, sehr offen für die Leiden der Menschen ihres Landes und ihrer Zeit, die Opfer des Nationalsozialismus geworden sind.

Im Polizeigefängnis von Innsbruck beginnt Schwester Angela durch ihre Treue zu Christus eine Glaubensstütze für ihre Mitgefangenen zu werden. Auf ihrer Treue beruht der Glaube einiger von ihnen. Eine wird sagen: “Schwester Angela ist der beste Katholik meines Lebens. Sie vergab denen von Herzen, die sie ausgeliefert hatten.”

In den Konzentrationslagern von Ravensbrück, Auschwitz und Birkenau lässt P. Gotzon die Zeugen über Schwester Angela sprechen. Sie selbst wird uns in ihren Briefen den Schlüssel in die Hand geben, um ihren Lebensstil in den Konzentrationslagern zu erschließen.

Nach den Zeugenaussagen der Mitgefangenen war Schwester Angela auch weiterhin eine Hilfe, Stütze und Sicherheit für sie. Sie blieb sich selbst und Gott treu; deshalb auch ihnen gegenüber. Sie erinnern sich an Schwester Angela als freundliches Wort, als “Licht und Lächeln”, als “Nähe und Milde”, “die ständig ihr Leben aufs Spiel setzte”, “fähig, die ganze Welt mit ihrer Liebe zu umfassen, tausend Mühen zu mildern”.

Aus diesen Aussagen können wir schließen, dass Schwester Angela ihnen in den Konzentrationslagern als lebendige Gegenwart Jesu erschien, als freiwillige Begegnung mit seinen versklavten Schwestern. Als Trinitarierin brachte sie die trinitarische Liebe und die Freiheit, die Praxis der Befreiung, während sie selbst Gefangene war. Ihre Liebe zeigte sich in ihrer Barmherzigkeit, im Mitleid und im konkreten Dienst an ihren Schwestern.

Der Grund ihrer Liebe, ihrer Freiheit und ihres Dienstes war, dass sie das Kreuz Christi umarmte, Verheißung und Wirklichkeit der Auferstehung. Angela selbst sagt uns: “Allein im Kreuz lernen wir, ihn zu kennen. Ihm (Jesus) ähnlich zu sein, das genügt mir".

Angela sehnte sich nach der Freiheit, aber sie nahm den Willen Gottes an: "Ich bin mit dem zufrieden, was er befiehlt."

Das Gebet, "frische Luft" für Angela, war es, wo sie lernte, sich mit Christus zu identifizieren und den Willen Gottes anzunehmen.

Wir haben in diesen Ausführungen nun gesehen, dass P. Gotzon es verstanden hat, die Texte, die Schwester Angelas geistliches Leben kennzeichnen, zusammenzustellen, ja nur "aneinander zu heften", wie er sagt. Er hat vor allem seine Hingabe und seine Zuneigung in diesem arbeitsreichen Gewebe hinterlassen. Wir sind uns sicher, dass seine Arbeit, die außergewöhnliche Figur, Schwester Angela, zu zeigen, reiche Früchte tragen wird, indem sie unsere Liebe stärkt und uns dazu ermuntert, auch in Gefahr unseren Glauben zu bezeugen.

Deshalb sagen wir ihm: VIELEN DANK!

María Nieves Pérez

Valencia, 17. August 1991,
82. Jahrestag der Approbation
der Konstitutionen

VORWORT

Wir, die wir schon seit längerer Zeit mit den Trinitarierschwestern in Mödling bei Wien Kontakt hatten, wussten von der Existenz einer Klosterschwester, Schwester Angela, die im Konzentrationslager Auschwitz gestorben war. Aber nicht viel mehr. Nicht einmal die Schwestern selbst verfügten über weitere Informationen. Einige von uns hatten ihre Briefe aus der Gefangenschaft gelesen, die trotz der eisernen Zensur der Nazis Schwester Angelas Geistesgröße durchscheinen lassen.

Als die Generaloberin, María Nieves Pérez, im Mai 1986 die Gemeinschaft besuchte, wobei ich sie - wie auch schon andere Male - begleitete, da erzählte ich ihr von Schwester Angelas Tod im Konzentrationslager Auschwitz sowie von den Briefen, von denen ich ihr einige übersetzte, als sie mich darum bat. Mutter María Nieves wies die Oberin der Gemeinschaft, Mutter Hermine Gitter, darauf hin, dass es sehr hilfreich wäre, nach Unterlagen zu suchen, die möglicherweise noch existierten. Eine der vielen Tugenden jener Schwestern ist der Gehorsam, auch den geringsten Andeutungen der Oberen gegenüber. Schwester Hermine begann sofort mit der Arbeit, und ihre ersten Schritte stellten sie vor eine angenehme Überraschung. Im Sauerland, wo sie bei Schwester Angelas Familie nach Informationen suchte, zeigte ihr Frau Heimes zwei Briefe, die eine Freundin und Gefängnisgenossin, Frau Dr. Schwalbová, ihrem Schwiegervater, Schwester Angelas Schwager, im Jahre 1947 aus Bratislava geschrieben hatte. In ihnen finden sich ausführliche Hinweise auf Schwester Angela im Konzentrationslager. Schwester Hermine wurde beim Lesen dieser Briefe immer mehr ergriffen: "Sie hatte die

Aufsicht über die Verpflegung der kranken Häftlinge und ihre Bekleidung. Diese Stellung ermöglichte ihr, vielen zu helfen und sie tat es, wo sie nur konnte... Mit der Zeit lernte ich Angela kennen, diesen wunderbar tiefen Menschen, immer hilfsbereit, mutig und fröhlich. Sie blieb unermüdlich in ihrer Hilfsbereitschaft und schreckte vor keinem Hindernis und keiner Gefahr zurück... Ich muss Ihnen gestehen, dass Angela einer meiner nächsten Menschen war und geblieben ist. Ohne sie hätte ich das KZ nicht überlebt...". Schwester Hermines Ergriffenheit steigert sich, als sie liest: "Ich habe ein Buch über Auschwitz geschrieben, in dem ich Angelas gedenke."

Nach dieser Entdeckung gönnt sich Schwester Hermine keine Ruhe, bis sie Frau Dr. Margita Schwalbová findet, mit der sie nun einen ständigen und herzlichen Briefwechsel führt. Von ihr erhält sie das Kapitel ihres Buches über Schwester Angela, das wir in diese Biographie aufgenommen haben. Durch jene ersten Erfolge angespornt, sucht sie eifrig nach weiteren Zeugen und Dokumenten. Frucht dieser ununterbrochenen Suche ist nun ein reichhaltiges Dossier von Zeugnissen. Viele davon stammen von weiteren Gefängnisgenossinnen, die noch leben.

Es ist daher recht und billig, Schwester Hermine Gitter für ihre überaus große Arbeit zu danken. Leider verlor sie bei diesem Unternehmen ihre Gesundheit. Ohne ihre Mithilfe wäre die Biographie nie zustande gekommen.

Ich habe versucht, in ihr vor allem Schwester Angela selbst, die Zeugen, die sie kannten, und jene, die aus eigener Erfahrung die Schrecken der Konzentrationslager kennen, sprechen zu lassen. Deshalb hat sich meine Arbeit fast darauf beschränkt, die zahlreichen Zitate und Zeugnisse aneinander zu heften. Ich denke, dass die Biographie so an Objektivität gewinnt.

Obwohl es logischerweise auch harte Stellen gibt, so bin ich doch möglichst dem Krankhaften und der Sensationsgier ausgewichen, Dinge, die angesichts der ausführlichen deutschen Bibliographie über dieses Thema gut möglich gewesen wären. Die Daten und Erfahrungen, die hier aufscheinen, sind absolut notwendig, um die Welt, in der Schwester Angela lebte und sich bewegte, kennen zu lernen. Einige könnten meinen, dass es um des fortschreitenden Friedens willen nicht angebracht sei, diese schreckliche Vergangenheit aufzurühren, dass es aufbauender sei zu vergessen. Ich teile diese Anschauung nicht. Johannes Paul II. schreibt in seinem Apostolischen Schreiben zum 50. Jahrestag des Beginns des Zweiten Weltkrieges: "Fünfzig Jahre danach haben wir die Pflicht, uns vor Gott dieser dramatischen Tatsachen zu erinnern, um die Toten zu ehren und all denen unsere Anteilnahme zu bekunden, die diese Flut der Grausamkeit in ihren Herzen und Körpern verwundet hat, indem wir zugleich die Beleidigungen verzeihen... Wir haben... die Pflicht, aus dieser Vergangenheit eine Lehre zu ziehen, auf dass sich das Bündel der Ursachen nie wiederholen kann, die imstande wären, einen ähnlichen Weltbrand neu zu entfachen."

Schwester Angelas helden- und beispielhaftes Leben weckt in dem Maße, in dem es bekannt wird, Interesse und Bewunderung. Ihre Mitschwestern in Mödling erhalten viele Briefe. Besondere Erwähnung verdient der Brief des Bischofsvikars für Ordensfrauen der Erzdiözese Wien, Mgr. Ildefons Fux, der am 21. Mai 1987 vorschlug, ihren Prozess einzuleiten. Die Generalleitung der Trinitarierinnen von Valencia und die Erzdiözese Wien unterstützten diese Initiative, die sich am 8. März 1990 in der feierlichen Eröffnung des Seligsprechungsprozesses im Erzbischöflichen Palais in Wien konkretisierte.

Am 26. März 1992 wurde er in Wien abgeschlossen und Rom zur weiteren Behandlung übergeben.

Gott gebe, dass diese Zeilen über ein solch heiliges und heldenhaftes Leben dazu beitragen, in jenen, die sie lesen, die Gabe christlicher Stärke hervorzurufen, die Schwester Angela in hohem Maße besaß. Hoffentlich breitet sich in der Trinitarischen Familie das Beispiel dieser Schwester, die bisher unbekannt war, aus. Hoffentlich wird mit Begeisterung das trinitarisch-befreiende Charisma gelebt, das der Heilige Geist durch Johannes von Matha, den Gründer des Trinitarierordens, und durch die Gründerinnen der Kongregation der Trinitarierinnen von Valencia in der Kirche hervorrief.

Der Autor

(Anmerkung des Verlages: Bei Originalzitaten wurde großteils auf Korrekturen verzichtet.)

1

SAUERLAND: KINDHEIT UND JUGEND

SAUERLAND, DAS "LAND DER TAUSEND BERGE"

Im Süden der Provinz Westfalen, im Südosten der wichtigen Industriezone des Ruhrgebiets befindet sich das gebirgige Sauerland, das mit seinen 5.228 km² als Garten des Ruhrgebiets bekannt ist. Für die Millionen Einwohner, die ständig unter einer Wolke von Rauch und Abgasen wohnen, ist das Sauerland die grüne Lunge, die sie erfrischt, und die Quelle, die sie größtenteils mit dem Trinkwasser und der Elektrizität für die Schwerindustrie versorgt.

Das Sauerland, das "Land der tausend Berge", ist mit seinen ausgedehnten Wäldern, seinen schmucken Holzstößen, seinen stillen Wiesentälern und den zahlreichen Stauseen ein Zauber der Natur.

Das Land, reich an Ackerbau und Viehzucht, ist auch Sitz wichtiger Industriezweige und Quelle von Bodenschätzen wie Blei, Zink, Schwefelkies und Kalk.

Schon in prähistorischer Zeit kreuzten sich im Sauerland wichtige Verbindungsstraßen. Die wichtigste war die "Heidenstraße", die von Köln ausging und bis nach Leipzig in Mitteldeutschland führte.

Dort, wo diese Straße durch den Kreis Olpe, im Süden Sauerlands, führt, liegen kleine Gemeinden und Dörfer wie Röllecken, Heinsberg, usw., die den Schauplatz der Kindheits- und Jugendjahre Mariechens abgeben.

Die "Heidenstraße" war für die Geschichte Westfalens von großer Bedeutung. Schon damals, im 9. Jahrhundert, als zur Zeit Karls des Großen das Gebiet von Köln aus christianisiert wurde, entstanden an ihr Burgen sowie die ältesten Pfarren des Sauerlandes.

Seither lebte im Sauerland ein tiefgläubiges christliches Volk, wie die vielen Heiligtümer und Einsiedeleien, Kreuzwege und Bilder bezeugen, die im ganzen Land verstreut sind.

Seinen Bewohnern sagt man nach, dass sie sehr entgegenkommend und gastfreundlich sind. Sogar die Ärmsten haben den Ruf, gebildet zu sein; sie haben ein gutes Benehmen und sind redegewandt. Auch ihr Scharfsinn ist sprichwörtlich geworden. Ihre praktische Intelligenz setzen sie dort ein, wo es Aussicht auf Gewinn gibt, und sie können selbst dort noch Geld machen, wo es für andere undenkbar erscheint. Sie haben eine Neigung zum Individualismus, sodass es ihnen nicht schwer fällt, für eine Sache, für die sie sich interessieren, zu arbeiten und sich ganz für sie einzusetzen. Die Sauerländer lieben ihr Land sehr und sind auch sehr gastfreundlich, was nicht heißt, dass sie ihren Lebensunterhalt nicht auch gerne außerhalb ihres Landes suchen und dass sie nicht auch dort stets offen sind für die tausend Wunder.

DAS SAUERLAND UM DIE JAHRHUNDERTWENDE

Die Familie Autsch lebte in den letzten Jahrzehnten des 19. Jahrhunderts. Es war dies eine ruhige und ruhmreiche Zeit. Preußen hatte 1870 den Krieg gegen Frankreich gewonnen. Am 1. Jänner 1871 wurde das neue Deutsche Reich geboren. Im Februar wurde der provisorische Friedensvertrag von Versailles auf die Einverleibung des Gebiets Elsass-Lothringen ausgeweitet. Gleichzeitig war ein großes Wirtschaftswachstum zu verzeichnen, wenn auch schwere soziale Konflikte damit verbunden waren, weil man die Gewinne dieses Wachstums nicht gerecht verteilte. Die Reichen schwammen im Reichtum, während die Arbeiterklasse weiterhin elf, zwölf und auch dreizehn Stunden arbeitete und es gab auch kein Gesetz, das die Sonntagsruhe garantierte. Die Gehälter waren weiterhin niedrig und die Preise hoch.

Im Kreis Olpe jedoch, wo die Familie Autsch lebte, war von einem Arbeitskonflikt nur wenig zu merken. Dank der landeseigenen Struktur der Arbeitgeber und Arbeitnehmer waren die Machtmittel, die die beiden Gruppen einsetzten, von geringer Bedeutung.

Auf jeden Fall lebte weder der deutsche Arbeiter, noch der deutsche Bauer in Armut. Trotz des Bevölkerungswachstums kannte die große Mehrheit der Deutschen keine Not.

Zu dieser Zeit bekam der Fortschritt durch die Elektrifizierung einen großen Anstoß. Das Sauerland bot für die Errichtung von Stauseen hervorragende Bedingungen. Der erste wurde in dieser Gegend im Listertal in der Zeit vom 13. September 1909 bis zum 2. Oktober 1912 gebaut. Als man nun im Kreis Olpe die Eisenbahn und ein Netz von Landstraßen fertiggestellt hatte, erlebten sowohl Industrie, als auch Handel und Kunsthandwerk einen Aufschwung, und es herrschte zu dieser Zeit ein allgemeiner Wohlstand.

Dies hatte einen Einfluss auf alle Formen des sozialen Lebens. Neben gemeinnützigen Organisationen entstanden auch viele andere mit kulturellem und sozialem Charakter. In Bamenohl, zum Beispiel, wo Mariechens Vater arbeiten wird, werden 1879 der “Schützenverein” und 1892 ein Musikverein gebildet. 1901 gründet man den “katholischen Arbeiterverein”. 1902 wird mit dem Bau einer Schule begonnen, und 1903 ein Gesangverein gegründet. Da zu der Zeit auch das Radfahren modern geworden ist, wird der “Radfahrverein Morgenstern” ins Leben gerufen. 1904 wird die Spar- und Darlehenskasse Bamenohl eröffnet. Innerhalb des “katholischen Arbeitervereins” bildet sich 1908 ein Spielmannszug, und 1912 organisieren achtzehn Jugendliche einen Sportverein.

Was das Verhältnis zwischen der katholischen Kirche und dem Staat Bismarcks betrifft, so sind die Spannungen, die durch die Maßnahmen des preußischen Kanzlers gegen die Kirche entstanden waren (Kulturkampf 1870-1878), bereits weit in die Vergangenheit gerückt, und somit vergessen oder zumindest gemildert. Man lebt also in einer Zeit der Ruhe, in der neue Pfarren, kirchliche Schulen und andere kirchliche Institutionen entstehen.

In der Welt der Politik trug der Kulturkampf im Kreis Olpe, wie im ganzen Sauerland, auch zur Bildung einer starken Zentrumspartei bei, die sich bis zur Aufhebung der Parteien in der Nazi-Zeit hielt. Nachdem also die schlechten Zeiten des Kulturkampfs vergessen waren, genoss man die Euphorie der drei gewonnenen Kriege und der Kolonialeroberungen mit einem nicht geringen Anteil an preußischem Patriotismus. Dieser Wind wird Unwetter bringen.

DIE FAMILIE AUTSCH

August Autsch, Mariechens Vater, wurde am 29. Oktober 1865 in Unglinghausen (Siegerland) geboren. In seiner Jugendzeit übersiedelte er nach St. Claas (Sauerland). Inmitten einer protestantischen Mehrheit blieb er katholisch. Seine Enkelkinder bestätigen, dass er verschiedene Berufe ausübte, und sowohl für technische Arbeiten als auch für das Kunsthandwerk sehr talentiert war. Er war ein guter und zuverlässiger Arbeiter. Am 25. Mai 1893 heiratete er in Helden Amalia Schmidt, die am 4. April 1866 in Heinsberg geboren wurde. Amalia hat in Dünschede als Magd in einem Bauernhaus gelebt. Sie stammt aus einer Zimmermannsfamilie in Heinsberg.

Das Ehepaar lässt sich in Röllecken nieder, wo der Mann in einem Kalksteinbruch als Maschinist arbeitet. Im oberen

Röllecken im Sauerland

Stockwerk des Maschinenhauses befindet sich die Wohnung der Familie Autsch.

Um 1900 gibt es in Röllecken etwa zwanzig Familien, die vom Ackerbau, vom Kunsthandwerk oder von der Industrie leben.

MARIA, DAS FÜNFTE VON SIEBEN KINDERN

Mit dem Gehalt des Mannes, einer freien Wohnung und der guten Verwaltung der Gattin legte das Ehepaar Autsch die finanzielle Basis für eine große Ausweitung der Familie. In dem kurzen Zeitraum von neuneinhalb Jahren, vom 4. August 1894, als die Erstgeborene, Elisabeth, das Licht der Welt erblickte, bis zum 23. Februar 1905, als Franz als Letzter zur Welt kam, hatte das Ehepaar Autsch eine zahlreiche Familie mit sieben Kindern geschaffen, deren fünftes Maria war. Sie wurde am 26. März 1900 geboren. Ihr gingen Elisabeth, August, Amalia und Gertrud voraus; Wilhelm und Franz folgten ihr.

KIND GOTTES

Zwei Tage nach ihrer Geburt, am 28. März, wird Maria in der Pfarre Sankt Martin in Dünschede im Dekanat Attendorn im Taufwasser auch zum neuen Leben der Gnade geboren. Es war dies ihre erste und grundlegende Weihe an die Heiligste Dreifaltigkeit, die Maria durch die Mithilfe und das Beispiel ihrer tiefgläubigen Eltern in den verschiedenen Etappen ihres Lebens entfalten sollte, vor allem bei der Erstkommunion, Firmung und Ordensprofess sowie in ihrem leidvollen Leben und Sterben im Konzentrationslager.

St. Martin in Dünschede: Taufkirche Marias

Mit welcher Freude legte wohl jener Vater seine eben geborene Tochter dem Herrn in die Arme, aber wie weit war er davon entfernt zu denken, dass jene Taufe mit Wasser, die Maria den Weg ins trinitarische Leben eröffnete, eines Tages durch eine andere Taufe, die des Blutes, besiegelt werden würde!

MARIECHEN, EIN AUFGEWECKTES UND FRÖHLICHES MÄDCHEN

Der fröhliche und leuchtende Blick Marias, den wir von den vielen Fotos kennen, zeigt ihren offenen und verspielten Charakter, der von Kindheit an ebenso wie die Glückseligkeit auf ihrem Herzen ruhte.

Herr Baumhoff, der Bruder einer Kindheitsfreundin Marias, erzählt, wie offen und sympathisch Mariechen von klein auf war. Er erinnert sich an eine Anekdote aus der Zeit, als das Fahrrad erfunden wurde: "Mariechen dürfte damals 12 Jahre alt gewesen sein, sie arbeitete im elterlichen Gemüsegarten..., als ein Mann auf einem Fahrrad des Weges kam. Das Fahrrad war damals erst erfunden worden, hatte vorne ein großes Rad und hinten ein kleines. Es war das erste Fahrrad, das Mariechen sah. Sie ließ alles liegen und stehen, lief hinzu, klatschte in die Hände und rief 'Juchu!'..."

Später wird sie selber über eines verfügen, nicht nur um damit zur Arbeit zu fahren, sondern auch um sich die Zeit zu vertreiben. Bei ihrem Eintritt ins Kloster wird sie das Fahrrad ihrem Neffen Werner schenken.

Wir können uns vorstellen, dass Maria an den Festen, die man in Bamenohl für Kinder organisierte, große Freude hatte: an der Nikolausfeier, zu Silvester, Neujahr, zu den Heiligen Drei Königen usw.

IN DER SCHULE

Maria war nicht nur ein fröhliches und verspieltes Mädchen, ihre Eltern erzogen sie auch zur Eigenverantwortlichkeit. Sie war eine sehr fleißige und begabte Schülerin. Als sie am 31. März 1914 die Schule verließ, hatte sie im Abschlusszeugnis als Gesamtnote eine Auszeichnung. Das Zeugnis stellt auch ausdrücklich fest, dass sie nie unentschuldigt gefehlt hat und sich hervorragend benommen hat.

Schulfoto: Maria, vorletzte Reihe, 5. von links

Obwohl sie wie die meisten nur die Volksschule besuchte, beweist sie in ihren mit schöner Handschrift geschriebenen Briefen guten Stil und Reichtum in ihrer Ausdrucksweise. Auch ihre gefühlvollen Gedichte zeigen, dass ihre Schulbildung gut war. Ihre besonderen Fähigkeiten in der Handarbeit sollten ihr im zukünftigen Leben noch gute Dienste leisten.

EIN FROMMES MÄDCHEN

Dass ein Mädchen mit 12 Jahren bei der Erstkommunion, wie wir noch sehen werden, den Herrn um die Gnade der Ordensberufung bittet, zeugt von einem nicht alltäglichen christlichen Leben.

Dieses festigt sich immer mehr in der Wärme des Familienlebens. Ihre Eltern erziehen sie, wie auch ihre Geschwister, zur Gottesliebe und zu den religiösen Praktiken: Beim Aufstehen beten sie zum heiligen Schutzengel und machen ein Kreuzzeichen mit Weihwasser, beim Glockengeläut zu Mittag beten sie den Engel des Herrn, zu Tisch segnen sie die Speisen und danken dafür, gegen Abend beten sie gemeinsam den Rosenkranz und beim Schlafengehen das Abendgebet.

Ihre Marienfrömmigkeit, die sie ihr ganzes Leben bewahrt, zeigt auch das Gepräge ihrer Familie. Mit welcher Begeisterung dürfte Mariechen ihre Eltern und Geschwister zum Marienheiligtum in Kohlhagen begleitet haben! Viele Sauerländer kamen zweimal im Jahr zu diesem Heiligtum, um Gott zu danken und auf die Fürsprache Mariens wieder Neues zu erbitten.

Es ist sehr wahrscheinlich, dass die Kinder zu Hause einiges über die Heiligen gehört haben. Wir wissen, dass der Vater sehr gerne religiöse Schriften gelesen hat und dass die Mutter ebenfalls sehr religiös war. Tatsache ist jedenfalls, dass Maria zu ihrer Zeit im Kloster und in der Gefangenschaft die Heiligen sehr verehrte.

Dieser Grund, der in der Familie gelegt worden ist, wird im pfarrlichen Religionsunterricht ausgebaut, wobei besonders die Verehrung der Eucharistie eine besondere Rolle spielt.

In Marias Kindheitsjahren waren bereits die Wellen einer beginnenden und später immer mehr um sich greifenden Liturgieerneuerung in den Pfarren Mitteleuropas zu spüren. Diese Bewegung erhielt einen starken Anstoß durch die Dekrete des Papstes Pius X. aus den Jahren 1905 und 1910, die im Gegensatz zur gewohnten Praxis seit dem Mittelalter die häufige, ja sogar tägliche Kommunion empfahlen und das Alter für die Erstkommunion tiefer ansetzten. Gleichzeitig wurde mehr auf das Leben und die Heiligung der Gläubigen Wert gelegt und nicht so sehr auf die äußerlichen Formen der eucharistischen Anbetung.

Sicherlich erhielt Maria ihre religiöse Unterweisung auf dieser Linie, die dann ihr ganzes Leben prägte. Sie war eine ausgesprochen eucharistische Seele. Ihre Briefe an die Familie, in denen sie sich mit besonderer Zuneigung an ihre kleinen Neffen und Nichten wendet, sind voll von geistlichen Ratschlägen, die ohne Zweifel das wiedergeben, was sie selbst von klein auf gelebt hat: eine herzliche Liebe zu Jesus, dem Erlöser, zu seinem Heiligsten Herzen und zur heiligen Jungfrau Maria sowie zum Gebet und Empfang der Sakramente, vor allem der Eucharistie.

Ihrem Neffen Werner schreibt sie anlässlich seiner Erstkommunion:

"So bitt' ich dich denn hierdurch inniglich,
Geh oft, gar oft zum Tisch des Lebens hin!" *(Brief 3)*

Ihrem Bruder Franz schreibt sie:

"Gehe fleißig beichten und zur hl. Kommunion." *(Brief 12)*

Und ihrer Schwester Elisabeth:

"Halte die Kinder... an... zur häufigen, ja täglichen Kommunion." *(Brief 16)*

Man könnte noch viele weitere Beispiele bringen.

VON RÖLLECKEN NACH BAMENOHL

Veranlasst durch einen großen Umbau in dem Maschinenhaus, in dem sich die Wohnung der Familie Autsch befand, zogen sie Anfang 1908 nach Bamenohl, in ein Dorf, das damals etwa 50 Häuser zählte. Mariechen war fast 8 Jahre alt. Ihr Vater hatte bei den Westfälischen Kalkwerken eine Stelle als Maschinist bei der Werks-Kleinbahn gefunden; zeitweise arbeitete er auch an einem der drei Ringöfen der Kalkfabrik.

Die Familie lebte in Ruhe, am Horizont waren aber bereits die ersten Gewitterwolken zu sehen. Obwohl man unter der Herrschaft des Kaisers sehr gemütlich lebte - dieser hatte 1890 Bismarck gestürzt - und die wirtschaftliche Blüte nicht nur den Reichen, sondern auch den breiten Volksmassen zugute kam, näherten sich schwierige Zeiten. Mariechen und ihre Geschwister waren noch zu jung, um das zu bemerken. Ihr Leben verlief glücklich zwischen Schule, Freunden und Familie. Die Älteren aber merkten, dass etwas Seltsames in der Luft lag. Von nationalistischen und imperialistischen Ideen ausgehend, wurde die deutsche Expansionspolitik geschürt: "Nationale Politik", "Kampf um eine nationale Existenz", "Kampf um Lebensraum", "Große Politik", "Weltpolitik"... waren zu jener Zeit alltägliche Schlagworte. Kaiser Wilhelm II. teilte diese Ideen. Deutsche aller sozialen Klassen verfolgten diese Expansionspolitik mit Wohlgefallen und unterstützten sie nicht nur im Hinblick auf die benachbarten deutschsprachigen Länder, sondern auch, imperialistisch gedacht, im Hinblick auf die Völker anderer Kontinente. Die internationalen Spannungen, die dadurch entstanden, waren mehr als deutlich. Viele fürchteten sich vor dem, was später Wirklichkeit wurde, vor dem Ersten Weltkrieg, wenngleich ihn auch andere mit fanatischer Begeisterung erwarteten.

ERSTKOMMUNION UND FIRMUNG

Mit 12 Jahren, am 14. April 1912, empfing Mariechen zum ersten Mal Jesus in der Eucharistie mit einem Eifer und einer Frömmigkeit, wie sie nicht alltäglich sind.

An diesem Tag bat sie, wie wir bereits gesagt haben, den Herrn um die Gnade der Ordensberufung. So schreibt sie selber ihrer Schwester Lieschen am 3. April 1934 vom Kloster aus, als ihr Neffe Werner Erstkommunion hat, und empfiehlt ihm: "Er soll sich da besondere Gnaden erbitten; der Heiland lässt sie nicht unerhört. Denn an mir selbst hab ich's ja erfahren. An meinem Kommuniontag habe ich den Heiland um die Gnade des Ordensberufes gebeten, und wenn auch erst durch dick und dünn, so ist's doch wahr geworden. Dir, liebes Lieschen, hab ich das ja alles erzählt." *(Brief 2)*

Sicherlich hatte sie beim Empfang Jesu in der Eucharistie dieselben Gefühle und Sehnsüchte, die sie ihrem Neffen in einigen wunderschönen Versen wünschte, die sie ihm anlässlich seiner Erstkommunion verfasste:

"Nun ist er endlich da, der schönste, größte Tag des Lebens,
Auf den so lange du gewartet hast,
An dem der Heiland sich dir ganz will geben,
Ganz so, als geh'n zwei Tropfen ineinander auf!
Dir, Werner, bringe ich den besten Glückwunsch dar
Und Gottes reichsten Segen dir am heut'gen Tag,
Ließ doch der König Himmels und der Erde
Auch dich in seinem Weinberg schon ein Reblein werden!
Welch großer Gnadenzug damit verbunden ist,
Versteht nur der, der wahrer "Sucher" unsers Heilands ist.
Oh, könnte doch dein Kinderherz erfassen
Das große Glück, nie würdest deinen Heiland du verlassen!
Nie würdest deinen Heiland du betrüben,
Nie deine Seel' mit einer Sünde je beflecken!
Stets würd'st dem Heiland du nur Freud' bereiten,
Stets nur ihm dienen - deine Seligkeit!
Tritt denn du, Werner, zum Altare hin
Mit demutsvollem, reinem Kindersinn.
Und geh mit offnem Herzchen deinem Heiland so entgegen
Und bitt ihn recht, er möcht' dich ganz sein Eigen nennen!
Schließ auch in dein Gebet all deine Lieben,
Flecht' auch ein kurz' Gedenken meiner mit hinein,
Denn Kinderherzchen nie vergebens flehen,
Wenn sie vertrauensvoll zum Heiland gehen!
Und schließ den großen Tag im stillen Dankgebet
Zu dem, der deine Seele, ach, so sehr geliebt.
So bitt ich dich denn hierdurch inniglich,
Geh oft, gar oft zum Tisch des Lebens hin!
Stets soll dein Wahlspruch sein:

'Fest hab' ich's mir vorgenommen,
In den Himmel muss ich kommen!
Mag es kosten, was es will,
Für den Himmel ist mir nichts zuviel!' " *(Brief 3)*

Wir können uns vorstellen, wie sich Maria am Tag ihrer Erstkommunion voll Eifer, Erwartung und Freude der Kirche näherte. Eine Bamenohler Chronik aus jener Zeit beschreibt dies so: "Weißensonntag werden die Erstkommunikanten in feierlichem Zuge von der Schule abgeholt und zur Kirche geleitet. Der Weg dorthin ist festlich geschmückt. Die Musikkapelle führt den Zug an. Die Kinder werden von Engelchen und Messdienern geleitet."

Ein Jahr später, am 12. September 1913, dem Fest Mariä Namen, empfing Mariechen gemeinsam mit ihren Geschwistern Amalia, Gertrud und Wilhelm das Sakrament der Firmung in der Mutterpfarrei Schönholthausen. Firmspender war der Bischof von Paderborn, Karl Josef Schulte.

Wie mag wohl Maria dem ihr Herz geöffnet haben, der die Liebe und die Kraft Gottes ist, dem Heiligen Geist! Ruft "oft den Heiligen Geist an, damit ihr immer das Rechte tut"*(Brief 11)*, schrieb sie zu Weihnachten 1935 den Kindern ihrer Schwester Elisabeth. Ohne Zweifel ein Abglanz ihres Lebens. Und wie wird der Heilige Geist dieses reine und offene Herz in Besitz genommen haben! Wie mag er ihm seine Gaben verliehen haben: die Liebe, die Stärke..., die sie zu erhalten und zu entwickeln wissen wird! All das soll in ihrem harten Leidensleben zum Vorschein kommen.

DER ERSTE WELTKRIEG

Samstag, 1. August 1914. Gegen 5 Uhr Nachmittag wurde in Bamenohl der Mobilmachungsbefehl für den Krieg bekannt gegeben. Der Text im Telegrammstil lautete: “Die Mobilmachung ist befohlen; der 1. Tag ist der 2. August.”

Am Sonntagmorgen befestigte der Ortsvorsteher von Bamenohl den Befehl des Kaisers am schwarzen Brett, womit alle wehrfähigen Männer im Alter von 17 bis 45 Jahren einberufen wurden. Mariechens Vater war befreit; er war 49 Jahre alt. Nicht so sein Sohn August, der 19 Jahre alt war. Wie Herr Schwemmer, ein Nachbar der Familie Autsch in Heinsberg, sagt, wurde er in der Marine eingesetzt: “Er erzählte uns Jungen von seinen Erlebnissen von 1918 bei der Revolution in Kiel.”

Am Anfang wurde der Ernst der Lage noch nicht richtig erfasst. Es sollte aber nicht lange dauern, bis die Bevölkerung die Auswirkungen des Krieges zu spüren begann. In den ersten Tagen nach Ausbruch des Krieges waren die Schulen geschlossen. Die beiden Lehrer wurden einberufen. Aus Mangel an Männern wurde die Fabrik von Finnentrop stillgelegt. Die Lebensmittelknappheit und die Preissteigerung waren bald zu spüren. Das Leben gestaltete sich aufgrund der Armut immer schwieriger. Alles in allem, vier lange Jahre voller Entbehrungen, Angst und Sorge um Väter oder Söhne, Hunger, Blut und Tränen. Als im Herbst 1918 Heeresleitung und Reichsregierung gestehen mussten, dass der Krieg verloren war, waren bereits 35 Männer aus der Gemeinde Bamenohl gefallen, und viele andere kehrten verwundet zurück.

Dann kamen die demütigenden Friedensbedingungen, die Besetzung des Ruhrgebietes durch die Franzosen und die furchtbar hohe Inflation. Es war eine Zeit großer Not und drückender Sorgen. “Von Krise, Schande, höchster Not schrieben die Zeitungen, als sei es nachgerade etwas Gewöhnliches.”

Diese kurze Zusammenfassung, die sich auf Chroniken über Bamenohl und Umgebung stützt, reicht aus, um eine Vorstellung von der Situation der deutschen Dörfer und Familien nach dem Krieg zu gewinnen.

Die Weimarer Republik (1918) konnte trotz Anstrengungen und beispielhafter Verfassung - zumindest in der Theorie - die Situation im Augenblick nicht meistern und die schweren wirtschaftlichen und gesellschaftlichen Probleme nicht beheben, die Deutschland zu schaffen machten.

MARIA, STÜTZE IHRER FAMILIE

Nach dem Schulabschluss am 31. März 1914 half Maria - ebenso wie ihre älteren Geschwister - ihrer Mutter bei der Hausarbeit, im kleinen Garten und im kleinen Stall. Wir wissen aus einer Chronik und vom derzeitigen Eigentümer des Hauses, in dem die Familie Autsch vor dem Ersten Weltkrieg in Bamenohl wohnte, dass die Mehrheit der Familien eine Kuh oder andere Tiere besaß, um die Einkünfte des Hauses ein wenig aufzubessern.

Wir können annehmen, dass die Familie Autsch mit ihren sieben Kindern dieser Gruppe zuzuzählen ist.

Es waren aber schwere Zeiten, und es gab wenig Arbeit. Deshalb begann Maria am 12. April 1915 zunächst als Kindermädchen, dann als Lehrling bei der Firma Bischoff & Brögger, einem Modegeschäft in der Nähe von Finnentrop. Auf diese Weise trug sie zum Lebens-

Maria mit Herrn Brögger und drei seiner Kinder

unterhalt der Familie bei. Finnentrop war von ihrem Ort nur etwa 2 km entfernt, die sie täglich zu Fuß zurücklegte. Später hatte sie ein Fahrrad.

Das fröhliche und liebenswürdige Mariechen wurde von allen sehr geschätzt. Die Bröggers betrachteten sie als Mitglied ihrer Familie, schätzten ihre Fähigkeiten und schenkten ihr volles Vertrauen. Glücklicherweise besitzen wir ein Abgangszeugnis der Geschäftsleitung aus dem Jahre 1930 mit folgendem Inhalt:

"Fräulein Mariechen Autsch aus Heinsberg i/Westf. trat am 12. April 1915 bei uns in die Lehre. Nach Beendigung ihrer dreijährigen Lehrzeit blieb Fräulein Autsch als Verkäuferin bei uns tätig. Seit längeren Jahren hat sie den Posten als erste Verkäuferin inne.

Wir bestätigen Fräulein Autsch gerne, dass sie in den langen Jahren ihres Hierseins stets zu unserer größten Zufriedenheit gearbeitet und immer reges Geschäftsinteresse gezeigt hat. Sie ist nicht nur eine treue, umsichtige und fleißige Mitarbeiterin, sondern auch eine überaus tüchtige Verkaufskraft und sehr beliebt bei der Kundschaft. An selbständiges und gewissenhaftes Arbeiten gewöhnt, oblag Fräulein Autsch auch zum großen Teil der Einkauf.

Familiäre Gründe veranlassen Fräulein Autsch zu einem Wechsel ihrer Stellung. Wir bedauern ihren Austritt außerordentlich und sehen sie ungern scheiden.

Unsere besten Wünsche und Empfehlungen begleiten sie."

Frau Klara Linneborn, die Schwägerin des Eigentümers, bestätigt uns, dass Mariechen auf die kleinen Kinder der Familie Brögger aufpasste, bis sie 1930 Finnentrop verließ. Dies war erforderlich, weil Frau Brögger 1927 bei der Geburt ihres neunten Kindes gestorben war.

In jenen schweren Jahren war Maria für ihre Eltern und ihre Geschwister eine große Stütze. Das Geschäft Bischoff &

Brögger überstand die Krise, und sie konnte mit ihrer Arbeit zum Unterhalt der Familie beitragen.

EINE GEWÖHNLICHE JUGEND

Die Heiligen sind aus demselben Holz geschnitzt wie die anderen Menschen. Ihr Leben beginnt wie das aller anderen, endet aber nicht so. Auch sie haben Ermüdung, Finsternis und sogar Misserfolg erlebt, sind aber weitergegangen, ohne das Handtuch zu werfen. Auch sie waren keine außergewöhnlichen Wesen. Die meisten von ihnen führten ein ganz normales Leben. Aus dieser Gewöhnlichkeit heraus - und in ihr - haben sie sich dem Herrn Jesus Christus angeglichen, indem sie zutiefst für Gott lebten.

So war Maria. Nach außen hin unterschied sie sich in nichts von ihren Freundinnen und Bekannten. Aber ihr Inneres bereicherte dieses normale Leben mit einer göttlichen Dimension. Diese Frömmigkeit blieb aber nicht in ihrem Inneren, denn die Beziehung zu Gott drängte sie, sich um die anderen zu kümmern. So nahm sie jede Gelegenheit wahr zu helfen, wann immer es möglich war.

Und sowohl Frau Hedwig Urner, Marias Verwandte, als auch Herr Schwemmer stimmen darin überein, dass sie modisch gekleidet war, obwohl sie an nichts hing und sich leicht von den Dingen trennte. Das meiste schenkte sie ihren Neffen und Nichten.

Frau Klara Linneborn erinnert sich an sie als ein sehr fröhliches Mädchen mit blondem, gelocktem Haar, sehr hübsch, voll Leben, sehr liebenswürdig und ständig bereit, allen zu helfen.

VON BAMENOHL NACH HEINSBERG

Nach einer Chronik von Bamenohl wurde der Steinbruch bereits vor dem Ersten Weltkrieg geschlossen. Der Betrieb bestand aber weiter, denn August Autsch scheint 1916 noch im Mitglieder-Verzeichnis der Baukrankenkasse der Westfälischen Kalkwerke auf.

Alles in allem aber war die Situation der Arbeiter kritisch und unbeständig. Die Industriearbeiter waren schlechter gestellt als die Bauern. Tatsache ist, dass die Familie Autsch sich am 3. April 1918 nach Heinsberg begab. Ihre Situation muss wohl ziemlich beängstigend gewesen sein. Es galt, viele Münder zu füllen, und so musste, wo auch immer, Arbeit gefunden werden. Die Familie wohnte "zuerst in einem alten strohgedeckten Bauernhaus unter der Brücke am Bach. Das Haus gehörte einem Maurer. In dem Haus wohnten zwei Familien. Dort hatte auch August Autsch junior zuerst seinen Laden. Als Kinder holten wir uns dort die Bonbons. Der Vater arbeitete bei der Bahn. 1925 brannte das alte Haus ab. Ich kann mich noch an die Sirene in der Nacht erinnern. Die Leute wurden in andern Häusern untergebracht. Bei uns im großen Flur standen Möbel".

Melanie Quinkert, Marias Nichte, schreibt, dass die Familie Autsch nach dem Brand in das Haus einer benachbarten Bauernfamilie, der Familie Rammes, zog. Marias Bruder August eröffnete in einer Hütte auf dem Grundstück dieser Familie ein Geschäft. Nachdem er geheiratet hatte, baute er 1927 bis 1928 ein neues Haus mit einem Geschäft und nahm seinen Vater zu sich. Den anderen Geschwistern, von denen einige bereits vor dem Brand geheiratet hatten, gelang es nach und nach, sich unabhängig zu machen.

Der Umzug der Familie nach Heinsberg bedeutete für Maria, während der Woche von der Familie getrennt zu leben. In Finnentrop mietete sie ein Zimmer im Haus eines Herrn Peter Heinecke, eines Werkmeisters, der zwei Töchter hatte

Links oben das Geschäftshaus von August Autsch, einem Bruder von Maria

und Maria als weitere Tochter aufnahm. Alsbald entstand zwischen Maria und den beiden Schwestern eine innige Freundschaft. Maria erhielt den Kontakt mit ihrer Familie aufrecht, der ja so viel für sie bedeutete. Jede Woche, oder zumindest alle vierzehn Tage, nahm sie den Zug, um das Wochenende zu Hause zu verbringen.

DER TOD DER MUTTER

Unter diesen nicht einfachen Umständen muss die Familie Autsch einen harten Schlag hinnehmen. Am 17. Oktober 1921 stirbt Amalia Autsch, die Mutter, in ihrem Geburtsort Heinsberg an Wassersucht. Laut ihrer Enkelin Melanie soll sie auch an Gicht und Rheuma gelitten haben. Sie hinterlässt mit ihren 55 Jahren, in der Blüte ihres Lebens, ein nicht zu füllendes Loch. Ihr Mann und die Kinder verfallen in tiefste Trauer.

Maria (erste rechts), Vater Autsch, der eine Enkelin trägt, ihre Schwägerin und ihr Bruder. Hockend mit ihr zwei Schwestern ihrer Schwägerin

Doch die Familie, innigst verbunden, wird diese schmerzvolle Trennung durch ihren Glauben und ihre Hoffnung zu überwinden wissen.

Am 21. Oktober wird Amalia Autsch auf dem Friedhof der Pfarre Heinsberg bestattet.

Maria wird sich immer an ihre Mutter erinnern. In ihren Briefen an die Familie fordert sie ihre Neffen und Nichten regelmäßig auf, für die Großmutter zu beten und ihr auch stellvertretend für sie, Maria, einen Blumenstrauß ans Grab zu bringen. Sie setzt sich auch dafür ein, dass sie und ihre ganze Familie in die Messen des Trinitarierordens eingeschlossen werden.

Da die Familie mit der Mutter eine wichtige Stütze verloren hat, wird Marias Mithilfe umso nötiger.

JAHRE DES AUFSCHWUNGS - WIEDERAUFBAU DER NATIONALSOZIALISTISCHEN PARTEI

1923 übernimmt der Kanzler Gustav Stresemann das Steuer der Republik, was Deutschland einen starken Impuls verleiht. 1924 ist der Aufschwung bereits zu spüren. Es gibt langsam wieder Arbeit. Die Gehälter sind zwar niedrig, dafür aber gesichert. Wirtschaftliche Produktivität und eine große kulturelle Blüte kennzeichnen die Jahre 1924 bis 1929.

Stresemann hatte es aber keineswegs leicht. Er sah sich einer Opposition und der Bedrohung durch starke feindliche Einflüsse gegenüber. So hatte er vor allem gegen die Nazis in Bayern zu kämpfen. Im November des Jahres 1923 organisierte Hitler einen Putsch, der unter dem Namen "Brauhausputsch" bekannt wurde. Er wollte in Bayern die Macht an sich reißen, die Regierung von Berlin stürzen und ganz Deutschland kontrollieren. Dieser Putschversuch scheiterte jedoch.

Als die Nationalsozialistische Partei daraufhin aufgelöst wird, und sich ihr Führer, auf fünf Jahre verurteilt, im Gefängnis befindet (Jänner 1924), schreibt er sein Buch "Mein Kampf", das sein Programm enthält. Dieses soll zum politischen und rassistischen Gedankengut des deutschen Volkes werden. 1925 wird er begnadigt, und am 27. Februar desselben Jahres baut er seine Partei wieder auf. Seine Erfolge sind bald nicht mehr aufzuhalten. In diesem Unternehmen kann er auf Göbbels Unterstützung setzen, einen der Haupturheber der Nazipropaganda.

GOTT RUFT MARIA

Der Wunsch, sich dem Herrn zur Verfügung zu stellen und ihm auf dem Weg der evangelischen Räte nachzufolgen, den Maria von klein auf gespürt hatte, und den sie schon bei ihrer Erstkommunion vor dem Herrn ausgebreitet hatte, begann langsam Wirklichkeit zu werden. Der Herr, der, wie sie selbst ihrem Neffen Werner zur Erstkommunion schreibt, die Wünsche der kindlichen Herzen nicht überhört, hat ihr Flehen beachtet. Er wollte sie für sich. Vielleicht haben die schwierigen Zeiten der Nachkriegszeit und die Notwendigkeit, für den Unterhalt der

Familie zu arbeiten, ihren Vorsatz verzögert. Jetzt aber, da die Umstände sich geändert haben, sieht sie die Zeit gekommen, den Schritt zu wagen. So sind die Wege des Herrn. Über welche Umwege und schmale Bergpfade führt er uns manchmal! Wie schön drückt sie das aus, wenn sie schreibt: "und wenn auch erst durch dick und dünn, so ist's doch wahr geworden". In dieser letzten Zeit der Reifung ihrer Berufung und endgültigen Entscheidung dürfte ihr der Pfarrer von Heinsberg, Rosenfeld, eine sehr wichtige Hilfe gewesen sein. Sie wird nun ihre Schritte Richtung Trinitarierinnenkongregation von Valencia lenken.

Aber, woher und warum kennt sie die Trinitarierinnenkongregation von Valencia? Frau Johanna Federspiel, Mitnovizin, die auch mit Maria die Profess ablegte, dann aber die Kongregation verließ, sagt, dass dies über den "Dreifaltigkeitsboten" geschah, eine Zeitschrift, die die Trinitarierpatres in Wien herausgaben. In ihm wurde oft von der Gemeinschaft der Trinitarierinnen in Mötz geschrieben.

DER NATIONALSOZIALISMUS BREITET SICH AUS - HITLER KOMMT AN DIE MACHT

Gerade als Maria Finnentrop verlässt, bricht in Deutschland eine neue Wirtschafts- und Sozialkrise aus, die schreckliche Folgen haben wird.

Am 3. Oktober 1929 stirbt Gustav Stresemann, unter dessen Amtszeit Deutschlands angeschlagene Wirtschaft und kulturelles Leben einen bedeutsamen Aufschwung erlebt haben.

Zehn Tage nach dem Tod Stresemanns erlebt die New Yorker Finanzwelt einen Börsenkrach, der auf die gesamte Weltwirtschaft Auswirkungen hat. Für das bereits schwache und kränkliche Deutschland bedeutet dies den Todesstoß. Wieder gibt es Arbeitslosigkeit, Armut und einen großen Sozialkonflikt, der sich in einen Bürgerkrieg auszuweiten droht. Die Leute haben davon schon genug und fürchten sich. Deutschland verwandelt sich in einen wilden Fluss, aus dem die Aufwiegler und gut organisierten Nazis ihren Nutzen ziehen werden.

Der Nationalsozialismus gewinnt immer mehr an Macht, bis Hitler am 30. Jänner 1933 Staatskanzler wird. Nun fehlt bis zum Endziel Hitlers und seiner Anhänger nur mehr ein Schritt. Den großen Sozialkonflikt ausnützend, der hauptsächlich von den Nazis selbst genährt wird, erlangt Hitler vom noch existierenden demokratischen Parlament ein Bevollmächtigungsgesetz, und nach drei Jahren besitzt er die alleinige Macht. Nachdem alle politischen Parteien aufgehoben worden sind, bleibt allein die Nationalsozialistische Deutsche Arbeiterpartei übrig. Hitler, der sich selbst Führer nennt, ist Präsident, Kanzler und Oberbefehlshaber über das Heer des Dritten Reiches, alles in einer Person.

In der Volksabstimmung, in der Hitler über alle diese Schritte abstimmen lässt, gibt der größte Teil des deutschen Volkes seine Zustimmung, wenn ihm auch fünf Millionen mutige Deutsche eine Abfuhr erteilen wollen, indem sie mit NEIN stimmen.

IN HEINSBERG: UNTER DER FÜHRUNG DES PFARRERS ROSENFELD

Marias Aufenthalt in Heinsberg war für den endgültigen Kurs ihres Lebens ausschlaggebend. Bei der Orientierung half ihr der Ortspfarrer, Rosenfeld, sehr, der ein großartiger Priester war. Von ihm wissen wir, dass er mehr als 50 Jahre, bis nach dem Zweiten Weltkrieg, einer katholischen Gemeinde vorstand. Die Bewohner Heinsbergs haben ihn als tiefreligiösen Mann und Asketen in Erinnerung behalten. Sein wohltätiger Einfluss war in Heinsberg in allen möglichen Lebensbereichen zu spüren.

Maria (letzte rechts) anläßlich einer Erstkommunion bei Familie Löcker in Leimestadt - Alten......., 1933

Maria fand in diesem Pfarrer einen eifrigen Hirten, der sie begleitete und ihr mit seinem Rat beistand, auch bei der Frage des Eintritts ins Kloster. Von ihm lernte sie zweifellos auch, den Nationalsozialismus vehement zu verwerfen.

Vor ihrem Eintritt ins Kloster von Mötz im September 1933 hatte Maria noch die Gelegenheit, die Nationalsozialisten, die am 30. Jänner an die Macht gekommen waren, aus der Nähe kennen zu lernen. Sie hatten auch im abgelegenen Dorf Heinsberg ihren triumphalen Einzug gefeiert.

Zwei nicht zu vereinende Gruppen standen einander gegenüber: der Pfarrer mit seinen treuen Katholiken und die Nationalsozialisten, die mit ihren erdbraunen Uniformen langsam das Aussehen des Dorfes umgestalteten. Pfarrer Rosenfeld schreibt in seiner Chronik des Jahres 1933, dass in den letzten Kommunalwahlen vom 12. März die Zentrumspartei 245 Stimmen, die Nationalsozialisten 57, die Sozialdemokraten 7 und die Kommunisten 6 Stimmen erhielten. Am 10. Dezember änderte sich die Situation aber von Grund auf, als die Nationalsozialisten 95% der Stimmen erhielten. Die örtliche Presse gab - wen wundert das? - dem Nationalsozialismus 100%.

Was die Jahre 1933 und 1934 betrifft, so schreibt Rosenfeld in seiner Pfarrchronik, wie schwierig es für ihn sei, die Burschen und Mädchen in den kirchlichen Organisationen zusammenzuhalten. Der Schuldirektor und eine Lehrerin taten alles, was sie konnten, um die Jugendlichen für die HJ (Hitlerjugend) und den BDM (Bund deutscher Mädchen) zu gewinnen. Diese warben die Jugendlichen, indem sie in Uniform in die Schulen kamen. Die Ortschaft teilte sich, die Teilungen zerrissen sogar die Familien. Maria nahm diese Erfahrung aus ihrer Heimat mit nach Österreich, als sie sich auf den Weg nach Mötz machte. Sie wusste, dass der Nationalsozialismus mit dem christlichen Glauben nicht vereinbar ist, und dass Hitler und seine Anhänger alles tun würden, um ohne Rücksicht alle zu zertreten, die eine andere Meinung als sie hätten.

2

ORDENSSCHWESTER

DIE TRINITARIERINNEN VON VALENCIA

Ende des 19. Jahrhunderts waren fünf Frauen aus Valencia, Tomasa Balbastro, Rosa Cuñat, Salvadora Cuñat, Ana María Gimeno und Rosa Campos, in wahrer Freundschaft verbunden. Sie führten ein tiefchristliches Leben und hatten den "großen Wunsch, den Willen Gottes zu erfüllen, sich vollkommen dem Herrn zu weihen und zu seiner größeren Ehre zu arbeiten".

Der Herr, der sie dazu ausersehen hatte, eine neue Ordenskongregation zu gründen, tat ihnen nach und nach seinen Willen kund. Nach einer Zeit der Suche, die nicht ohne Schwierigkeiten verlief, beschlossen sie, "ein Haus zu mieten, eine kostenlose Schule zu öffnen, um die christliche Lehre und die heilige Gottesfurcht weiterzugeben, die zu jener Zeit ja fast völlig in Vergessenheit geraten waren, und sich ganz auf die göttliche Vorsehung zu verlassen, denn sie zählten nur auf sie, indem sie alles, was sie verdienen konnten, hergaben". Von Anfang an trat das Einfühlungsvermögen der jungen Frauen in ihrem Verhalten gegenüber den Bedürftigen als Frucht ihrer Gotteserfahrung zutage.

In der spanischen Gesellschaft jener Zeit, vor allem in der Gegend um Valencia, gab es eine große soziale Ungleichheit zwischen Armen und Reichen, mit all den daraus erwachsenden Konsequenzen, wie zum Beispiel dem Analphabetismus und der Unwissenheit der Bevölkerung, die nicht viele Gelegenheiten hatte, mit der Kultur in Berührung zu kommen. Durch diese Situation fühlten sich die fünf Freundinnen dazu gedrängt, die Armen kostenlos zu unterrichten.

Gleichzeitig ließen sie ihnen eine religiöse Erziehung angedeihen.

In der Zwischenzeit lernen sie durch die göttliche Vorsehung den Trinitarierorden kennen, mit dessen Charisma sie vollkommen übereinstimmen. Deshalb nehmen sie mit den Oberen des Ordens Kontakt auf, die ihnen schließlich die Regel und den Habit des Ordens anbieten. "Ein Diözesandekret vom 4. November 1885 und zwei Reskripte des Generalministers des Ordens vom 20. desselben Monats und Jahres bestätigen das Charisma des Trinitarieriordens als Lebensregel unserer Gründerinnen".

Damit wird die Trinitarierinnenkongregation von Valencia zu einem der Zweige des Trinitarierordens, den in den letzten Jahren des 12. Jahrhunderts der Provenzale Johannes von Matha ins Leben rief. Dieser war Universitätsprofessor in Paris, ein "von Gott entflammter" Mann, der vom Schicksal so vieler Christen, die in den Kerkern Nordafrikas eine schreckliche Gefangenschaft erleiden mussten, zutiefst bewegt war.

Durch ihn hat der Heilige Geist in der Kirche das trinitarische Charisma erweckt, das sich in Werken der Liebe und im Kult der Heiligsten Dreifaltigkeit verwirklicht. Dieser Kult ist die Quelle der erlösenden Liebe, die nur dann echt ist, wenn sie als Liebe und Hingabe an die Menschen, die Gefangenschaft erleiden, gelebt wird. Das eine lässt sich vom anderen nicht trennen.

Die Trinitarierinnen von Valencia haben sich als echte Töchter des heiligen Johannes von Matha seit ihrer Gründung dafür eingesetzt, die Ehre der Dreifaltigkeit in der Befreiung der Menschen zu suchen, die auf irgendeine Weise Gefangenschaft erleiden. Darum wirken sie vor allem in der Krankenpflege und im Unterricht sowie im Dienst an der Befreiung von allen Formen gegenwärtiger Sklaverei. So nehmen sie in Lateinamerika und anderen Kontinenten ausgesetzte Kinder auf und arbeiten in Frauengefängnissen, mit Zigeunern, einsamen Alten, behinderten Kindern, Obdachlosen usw.

Die Generaloberin Schwester Luz Ferrero schrieb am 8. Mai 1989 der Kongregation: "Beide Institute - der Trinitarierorden und die Trinitarierinnenkongregation von Valencia - vernahmen in ihrem Ursprung und in ihrer Geschichte den doppelten Ruf: den Ruf Gottes und den der bedürftigen Menschen. Sie fühlten sich von Jesus gesandt und von den Leiden der Brüder und Schwestern gerufen. So bilden der Orden und die Kongregation in der Kirchengeschichte ein Glied mehr in der Kette der 'Gesandten', die zu jeder Zeit die Botschaft der Liebe und Barmherzigkeit Jesu vergegenwärtigt haben. In unserem Fall haben sie die befreiende Liebe der Dreifaltigkeit den Sklaven, Armen, Kranken,... nahe gebracht".

DIE TRINITARIERINNEN IN MÖTZ

1923 fanden in Rom mit dem Einverständnis des Ordensgenerals, P. Franz Xaver Pellerin, Gespräche zwischen dem Trinitarier P. Dominik Eichinger und der ungarischen Gräfin Sarolta Erdödy, Trinitarierterziarin, über eine mögliche Gründung in Österreich statt.

Die Gräfin hatte kurz zuvor in Mötz ein kleines Grundstück mit Haus, Hof, Scheune und einigen Feldern in der Absicht erworben, es den Trinitarierinnen zu geben. Sie wandte sich zuerst an die italienischen Trinitarierinnen von Rom, die aufgrund der Spannungen, die damals zwischen Österreich und Italien wegen der Südtirolfrage bestanden, das Angebot zurückwiesen.

Daraufhin begann die Gräfin, mit der Generaloberin der Trinitarierinnen von Valencia Gespräche zu führen. Nach reiflicher Überlegung nahm Mutter Maria von der Heiligsten Dreifaltigkeit voll Dank die großzügige Gabe an. Nachdem alle gesetzlichen Formalitäten abgeschlossen waren und die Erlaubnis des Bischofs und des Staates vorlagen, sandte sie die

Haus der Trinitarierschwestern in Mötz

ersten spanischen Ordensfrauen. Diese kamen am 11. August 1926 in Mötz an und wurden von der Bevölkerung und der Gräfin herzlich empfangen.

Die kleine Gemeinschaft begann ihr Leben mit Gebet und innerer Sammlung, wurde aber auch nach außen hin bald aktiv. Die spanischen Ordensfrauen waren gute Stickerinnen und erhielten sogleich wichtige Aufträge von vielen Pfarrern Tirols. Schwester Christina besaß die Lehrbefähigung, sodass sie einen Privatkindergarten eröffnen konnten, mit dem sie viel Erfolg hatten. Nach kurzer Zeit besuchten ihn schon mehr als zwanzig Kinder. In den Wintermonaten organisierten sie einen Nähkurs, an dem die Jugendlichen des Ortes mit großem Interesse teilnahmen.

Im Sommer 1927 traten die ersten Postulantinnen ein, die der neuen Gründung einen starken Impuls gaben. 1929 besuchte die Generaloberin die Gemeinschaft von Mötz. Sie zeigte sich mit den Anfängen und dem weiteren Verlauf der Gründung sehr zufrieden. Sie war sich dessen bewusst, dass die landeseigenen Ordensschwestern besser arbeiten könnten und von der Bevölkerung mehr Anerkennung genießen würden. So ließ sie die spanischen Schwestern nach und nach in ihr Land zurückkehren. Mit ihnen kehrte auch Schwester Maria Christina von Jesus Nazarenus, eine Tschechoslowakin, zurück.

Im Jänner 1932 wurde Schwester Michaela von den Heiligen zur Oberin gewählt. Sie hatte bis zu ihrem Tod in Mödling am 9. Juli 1960 dieses Amt inne. Mit ihr bildeten zwei Schwestern und zwei Postulantinnen die Gemeinschaft. Von diesen fünf waren drei Österreicherinnen und zwei Deutsche.

MARIA IM KLOSTER VON MÖTZ

P. Bruno, Trinitarier aus der Gemeinschaft in Wien, bereitete sich gerade darauf vor, Mötz zu verlassen, nachdem er dort einige Tage bei den Schwestern verbracht hatte, um sich von einer Operation zu erholen. Bei ihm befand sich Anna, ein 6 Jahre altes Mädchen, das zusammen mit Schwester Agnes auf Initiative ihrer Mutter ins Kloster kam, da sie offenbar nicht die finanziellen Mittel besaß, um für ihre Töchter zu sorgen. Schwester Agnes trat übrigens vor der ewigen Profess aus dem Kloster aus. Anna jedenfalls begleitete den Pater oft zur Muttergottes von Locherboden in Mötz. Zwischen den beiden ist eine innige Freundschaft entstanden. Ein Gespräch der beiden anlässlich der Ankunft einer neuen Postulantin ist uns im Dreifaltigkeitsboten überliefert:

“ ‘P. Bruno, haben Sie die neue Schwester schon gesehen? Ist sie schön? Glaubt sie an Gott?’

‘Natürlich glaubt sie an Gott, sonst käme sie doch nicht ins Kloster, und ob sie schön ist, schau sie dir selber an. Jedenfalls hüte dich, dass sie deine Fehler nicht sofort bemerkt.’

'Habe ich viele Fehler? Sie haben einmal gesagt, man sehe es den Kindern an, wenn sie schlimm sind; sieht man es mir stark an?' "

Die neue Schwester war Maria. Am 8. Mai 1933 hatte sie um Aufnahme in die Kongregation angesucht, und am 27. September desselben Jahres kam sie in Mötz an, nachdem sie der deutschen Staatskasse wegen der 1000-Mark-Sperre besagte Summe bezahlen musste.

Der Pfarrer von Heinsberg, Rosenberg, hatte am 6. Februar die Gemeinschaft über Maria informiert:

"Maria Autsch wohnt seit zwei Jahren bei ihren hier verheirateten Geschwistern. In dieser Zeit habe ich Gelegenheit gehabt, sie näher kennen zu lernen. Der Gedanke, sich ganz dem lieben Gott im Ordensstande zu weihen, der in früher Jugend erwachte, ist erst in den letzten Jahren voll zum Durchbruch gekommen. Ich habe die Überzeugung, dass nur die reinste Absicht sie bei ihrem Entschlusse leitet. Sie ist ein Fräulein mit reichem Gefühlsleben, entschlossen, von tiefer Frömmigkeit, die, was sie unternimmt, ganz tut. Ihre Führung ist tadellos. Sie erfreut sich des besten Rufes, sowie auch die Familie, aus der sie stammt, geachtet ist. Möge Gott sie auch weiter führen und im Kloster den Seelenfrieden finden lassen."

Der Pfarrer kannte jenes junge Mädchen, das er zweieinhalb Jahre begleitet hatte, als es in Heinsberg lebte, sicher sehr gut. Maria sollte ihn nicht enttäuschen.

Die Gemeinschaft zögerte angesichts dieses überzeugenden Briefes nicht einen Augenblick, Maria aufzunehmen.

POSTULANTIN

Am 26. Oktober 1933, dem Jahr, an dem Hitler an die Macht kam, begann Maria ihr Postulat, die Zeit des ersten Kontakts mit dem Ordensleben, den die Kirche voll Weisheit fordert.

Die Möglichkeit der Christen, Jesus in einem Leben nach den drei evangelischen Räten Keuschheit, Armut und Gehorsam radikal nachzufolgen, erfordert viel Einsatz und Großzügigkeit. Man kann diese Wahl nicht treffen, ohne vom Herrn gerufen zu sein. Bevor man den entscheidenden Schritt tut, muss man überprüfen, ob man wirklich gerufen ist, indem der Kandidat oder die Kandidatin "in situ" (an Ort und Stelle) die Natur des Ordenslebens und dessen konkrete Verwirklichung in der gewählten Kongregation kennen lernt.

Maria 1933 bei ihrem Eintritt in die Ordensgemeinschaft von Mötz

Maria stellte ihren Einsatz und ihre Großzügigkeit von Anfang an unter Beweis, wie man aus den drei Briefen erkennen kann, die sie ihrer Familie zur Zeit ihres Postulats geschrieben hat und die noch immer erhalten sind. Aus dem Brief vom 3. April 1934, den sie ihrer Schwester Gertrud schrieb, kann man ihren Eifer und ihre Sorge um das Wachstum der Gemeinschaft deutlich herauslesen. Die Freude, die sie erfahren hat, möchte sie auch den Ihren nicht vorenthalten: "Und über Anna bin ich sehr erstaunt, dass sie heiraten will, dachte immer, sie würde noch zu uns kommen. In unserem Orden werden auch Witwen aufgenommen, die ohne Verpflichtung sind." *(Brief 1)*

Bei einer anderen Gelegenheit richtete sie sich an ihre Neffen und Nichten mit Ausdrücken wie: "Wie ist es denn mit dir, Lidwina? Bist du deinem Vorsatz, ins Kloster zu gehen, treu geblieben?... Bereite dich recht darauf vor. Übe die heilige Armut und den heiligen Gehorsam, sei brav und fleißig. Und ihr Buben alle, wollt ihr nicht Trinitarier-Brüder werden und nach Wien gehen? Oh, das wäre schön. Seid nur recht brav und ruft oft den Heiligen Geist an, damit ihr immer das Rechte tut." *(Brief 11)*

Sie sorgte sich auch um das geistliche Leben in der Familie, der sie Ratschläge erteilte und für die sie ständig zum Herrn betete. Ihren Neffen und Nichten schickte sie Bildchen und selbst verfasste Gedichte mit geistlichem Inhalt, damit sie diese auswendig lernen und als Gebet verwenden sollten.

ÖSTERREICH AM RANDE DES CHAOS. ARMUT DER SCHWESTERN

Wir haben von der konfliktreichen Zeit, die Maria in Deutschland erlebte, bereits gehört. Doch in Österreich war es keineswegs besser. Die Kriegsfolgen, verbunden mit der Weltwirtschaftskrise von 1931, hatten das Land zerstört. Österreich wurde durch die Armut, die hohe Arbeitslosigkeit und die Sozialkonflikte stark zurückgeworfen. Am 1. Jänner 1934 wurden 600 000 Arbeitslose verzeichnet, das waren 10% der Gesamtbevölkerung. Am 12. Februar brach ein viertägiger Bürgerkrieg aus, und bei einem gescheiterten Staatsstreich der Nationalsozialisten wurde Bundeskanzler Dr. Engelbert Dollfuß ermordet.

Die Trinitarierinnengemeinschaft von Mötz litt auch unter den Folgen dieser Situation. Die Schwestern lebten in äußerster Armut, wie man aus Marias Briefen an ihre Familie ersehen kann, in denen sie oft um verschiedene Dinge bat, die ihr die Familie senden sollte.

Maria drückte in ihren Briefen jedoch niemals eine Klage oder Unzufriedenheit aus. Im Gegenteil, sie zeigte sich immer glücklich und zufrieden. Wenn sie hin und wieder bekannte, dass sie arm lebten, - dies tat sie, weil sie die Fotos nicht senden konnte, um die sie ihre Schwester gebeten hatte -, so schwächte sie diese Aussage wieder ab, indem sie sagte, dass dies ja dem Geist der Gründerinnen entspräche. “Nun musst du nicht denken, so arm, dass wir nichts zu essen hätten, o nein, die göttliche Vorsehung sorgt für uns.” *(Brief 9)*

SCHWESTER ANGELA MARIA VOM HEILIGSTEN HERZEN JESU

NOVIZIAT

In dieser Armut wurde Maria, überaus glücklich, mit dem Habit der Kongregation eingekleidet. Es war dies am 4. Juli 1934, drei Wochen vor der Ermordung des Kanzlers Dollfuß. Mit dem Habit erhielt sie auch einen neuen Namen als Zeichen grundlegender Lebensänderung. Von nun an wird sie Schwester Angela Maria vom Heiligsten Herzen Jesu heißen, und so wollen wir sie jetzt auch nennen.

Wir wissen aus folgendem Brief an ihre Familie, was sie vor ihrer Einkleidung empfand:

“B.s.+S.S.T. Mötz, den 25. Juni 1934

Meine Lieben alle!

Heute habe ich eine freudige Mitteilung für euch. Am 4. Juli bekomme ich das heilige Ordenskleid und dazu den schönen Namen “Angela Maria vom Heiligsten Herzen Jesu”. Die Freude meinerseits könnt ihr euch wohl denken, und ich weiß, dass auch ihr daran teilnehmt... Liebes Lieschen, da es euch nicht möglich ist, am betreffenden Tage zur hl. Kommunion zu gehen, so bitte ich, am Sonntag vorher oder nachher opfert der Allerheiligsten Dreifaltigkeit eine hl. Kommunion auf. Die Meinung überlasse ich dir... Nun, liebes Lieschen, bitte ich euch alle noch um Verzeihung, wenn ich euch irgendwie einmal sollte beleidigt haben.

Verbleibe mit den herzlichsten Grüßen an euch alle
in der Liebe der Allerheiligsten Dreifaltigkeit,
eure Schwester, Schwägerin und Tante

Mariechen" *(Brief 4)*

Sie fügt dem Brief noch hinzu: "Den Namen 'Angela Maria' hatte die Gründerin der Beschaulichen Trinitarierinnen, der Klausurschwestern. Der strenge Orden ist in Spanien."

Marias Freude und innere Bereitschaft, den Habit der Kongregation zu empfangen und das Noviziat zu beginnen, was ja eine neue Periode der Prüfung und Untersuchung der Berufung bedeutet, sind offenkundig.

Aufgrund der sechs Briefe, die aus jener Zeit noch erhalten sind, kann man erkennen, wie sich Schwester Angelas geistliche Persönlichkeit während des Noviziats festigte und formte. Der Grund dafür wurde schon in der christlichen Erziehung in der Familie, dem pfarrlichen Religionsunterricht und der katholischen Schule gelegt, und sie selbst hat ihn durch die Hilfe guter Priester, wie des Pfarrers von Heinsberg, ständig weiterentwickelt.

Von ihren Wesensmerkmalen stechen besonders ihre Liebe zur Eucharistie, ihr Gebetsleben, ihre Marienverehrung, ihre Liebe zum Orden und - was ein neues Element ist, das sie sich erst durch die Spiritualität und das Charisma der Kongregation angeeignet hat - ihre Verehrung der Heiligsten Dreifaltigkeit hervor. Alle ihre Briefe beginnen mit der Abkürzung "B.s. + S.S.T." (Benedicta sit Sanctissima Trinitas - Gepriesen sei die

Heiligste Dreifaltigkeit) und enden mit einem Hinweis auf die Liebe der Heiligsten Dreifaltigkeit.

Vom Kloster aus verfolgte Angela mit großem Interesse das Leben in Deutschland. Sie klagte oft, dass sich die Dinge in Bezug auf den Glauben in ihrem Vaterland so stark gewandelt haben, und sie bat die Neffen und Nichten zu beten, dass bald alles wieder seinen richtigen Lauf nähme.

"EINE SCHÖNE ZEIT, DIE MIR DA BEVORSTEHT"

Dreizehn Tage vor der zeitlichen Profess schreibt Angela ihrer ältesten Schwester einen Brief, in dem sie ihr das Datum mitteilt. Sie zeigt sich äußerst glücklich:

"B.s. + S.S.T. *heißt: Gepriesen sei die Heiligste Dreifaltigkeit!*

Mötz-Tirol am 7. August 1935

Meine Lieben alle, Lieschen, Toni, Kinder und Franz!

...Heute habe ich eine besonders freudige Mitteilung für euch. Der sehnlichst erwartete Tag, an dem ich die ersten zeitlichen Gelübde ablegen darf, steht nun vor der Türe. Heute beginnen die heiligen Exerzitien, welche dann mit der Feier am 16. August ihren Abschluss finden. Oh, eine schöne Zeit, die mir da bevorsteht. Habe an euch alle die innige Bitte, auch an Franz, mich an dem betreffenden Tage besonders in eure Gebete einzuschließen und die hl. Kommunion und hl. Messe zu Ehren der Allerheiligsten Dreifaltigkeit und der lieben Himmelmutter zu empfangen und aufzuopfern in meiner Meinung. Da ihr ja an einem Wochentage nicht die Zeit habt, so bitte ich euch den darauf folgenden Sonntag oder auch den kommenden Sonntag darum. Sage euch allen dafür ein herzliches 'Vergelt's Gott!'...

In der Liebe der Allerheiligsten Dreifaltigkeit
bin ich mit den innigsten Grüßen an euch alle
eure Schwester, Schwägerin und Tante

Mariechen" *(Brief 10)*

Mit ähnlichen Worten schreibt sie am selben Tag auch ihrer Schwester Gertrud und deren Familie.

ZEITLICHE PROFESS

Schwester Angela hat das Noviziat beendet. Sie hat es ganz für den Herrn gelebt und festgestellt, dass sich die Wahl, die sie getroffen hat, lohnt. Der Moment ihrer Weihe ist gekommen, und sie ist zu diesem Schritt bereit. Das entspricht auch dem Wunsch der Oberen, die davon überzeugt sind, dass dies der richtige Weg für sie sei.

Ihre Sehnsüchte gehen in Erfüllung. Sie ist begeistert. Ihr Herz läuft über vor Freude. Wie eine Braut, die zum Bräutigam

Die Gemeinschaft von Mötz im Garten

eilt, so wendet sie sich an Jesus Christus. Sie hat sich vorgenommen, ihm nachzufolgen, das heißt jungfräulich, arm und gehorsam zu sein. Durch ihre Weihe wird auch ihr Leben, das sie in jeder Situation auf Jesus ausrichtet, einen tieferen Sinn bekommen. Es ist wahr, dass die Weihe noch zeitlich ist, aber in ihrem Herzen gehört sie Jesus schon für das ganze Leben.

Von Jesus her, der Weg, Wahrheit und Leben ist, wird sie ihr Verhalten als Kind Gottes gegenüber dem Vater noch vertiefen. Das wird ihr als Quelle für ein christliches Leben dienen, und gleichzeitig wird sie stets offen sein für das Wirken des Heiligen Geistes. Vom trinitarischen Leben her wird sie verstehen, dass die Liebe Gottes notwendigerweise erlösend und befreiend ist, was dem Charisma der Kongregation entspricht.

Sr. Angela als Profess-Schwester

Am 20. August 1935 ist die Gemeinschaft, wie das Aktenbuch der Professen bezeugt, um 8 Uhr früh in der Kapelle versammelt, und Schwester Angela liest vor der Schwester Oberin mit ergriffener Stimme die Formel für die Weihe an Gott im Ordensleben:

“Ich, Schwester Angela Maria vom Heiligsten Herzen Jesu, mache meine Profess und gelobe für ein Jahr der Heiligsten Dreifaltigkeit Gehorsam, Armut und Keuschheit...”

DIE FREUDE, DEM HERRN ZU GEHÖREN

Zwei Briefe, die sie zu Weihnachten 1935 geschrieben hat - einen an ihre Schwester Elisabeth und den anderen an ihren Bruder Franz -, zeigen Schwester Angelas innere Freude und den Eifer, mit dem sie ihre eben begonnene Weihe an Gott im Ordensleben zu verwirklichen sucht.

Ihrer Schwester sagt sie: "Denkt euch, seit einigen Monaten schlafe ich ganz nahe beim lieben Heiland. Ich brauche nur durch die Sakristei, da bin ich schon in unserem schönen Kapellchen. Ist das nicht schön?" *(Brief 11)*

Und ihrem Bruder Franz, der sich nach seiner Schwester zu sehnen scheint, schreibt sie: "Glaub's mir, wenn ich nochmal aus der Schule entlassen würde, so würde ich der Welt sofort Lebewohl sagen und nochmal dasselbe tun, was ich getan habe - ins Kloster gehen. Dort findet man den Frieden und die wahre Freiheit. Durch das 'Eingesperrtsein', wie man das 'Ins-Kloster-Gehen' heißt, findet man die Freiheit. Ja, das lautet komisch, aber es ist so." *(Brief 12)*

Und da sie sich beim Herrn glücklich fühlt, aber auch für ihre Lieben das Beste will, so hört sie nicht auf, ihrem Bruder Ratschläge zu erteilen und Moralpredigten zu halten, was das Kino und das Theater, vor allem aber, was das geistliche Leben betrifft:

"Gehe fleißig beichten und zur hl. Kommunion... und halte dich ans Beten, denn im Gebet findet man Trost in allem." *(Brief 12)*

NEUGRÜNDUNG IN GNADENWALD, TIROL

Am 14. April 1936 schreibt Schwester Angela ihrem Neffen Arnold zu seiner Erstkommunion einen Brief. Er kommt aber nicht aus Mötz, sondern aus Gnadenwald, einem kleinen Dorf in den wunderschönen Bergen Tirols, etwa 40 km von Mötz entfernt. Seit 1. April haben die Trinitarierinnen eine Neugründung in Gnadenwald. Drei Schwestern sind dorthin übersiedelt, eine davon war Schwester Angela.

Darüber berichtet der "Tiroler Volksbote" vom 4. April 1936 in einer Chronik, die der Wiener "Dreifaltigkeitsbote" übernommen hat. Die Chronik sagt, dass die Ankunft der Schwestern Anlass wurde für ein einfaches, aber herzliches Willkommensfest. Daran nahmen die verschiedensten Persönlichkeiten teil, sowie eine größere Gruppe der Dorfbevölkerung. Der Pfarrer und der Bürgermeister richteten an die Schwestern einige Willkommensgrüße. Danach wandten sich alle Anwesenden Richtung Kirche. Der hochwürdige Herr Dr. Resch, Spitalsseelsorger von Hall, hielt eine ergreifende Ansprache über die Bedeutung dieses Tages für die Gemeinschaft und das Ordensleben "in einer Zeit, in welcher viele gegengerichtete Bewegungen wirksam sind". Es war dies eine klare Anspielung auf die Situation, die Österreich damals erlebte, vor allem auf die Nationalsozialisten. Tatsächlich spornte die Machtübernahme Hitlers in Deutschland Anfang 1933 die österreichischen Nationalsozialisten an. Gleichzeitig übte das mächtige Nazi-Deutschland auf das kleine und wehrlose Österreich Druck aus, um sein Ziel, den Anschluss, zu erreichen, was ihm letztendlich auch gelang.

SCHATTEN INMITTEN DES LICHTES

Im Leben eines jeden Menschen, und mehr noch im Leben der Heiligen, gibt es schwierige Augenblicke, Augenblicke voll Dunkel und Schmerz. Edith Stein, die auch Opfer der Grausamkeiten der Nazis im Konzentrationslager Auschwitz wurde, drückte dies in einem Vortrag über "die Krippe und das Kreuz" folgendermaßen aus: "Das Geheimnis der Menschwerdung und das Geheimnis der Bosheit gehören eng zusammen. Gegen das

Licht, das vom Himmel herabgekommen ist, sticht die Nacht der Sünde umso schwärzer und unheimlicher ab. Das Kind in der Krippe streckt die Hände aus, und sein Lächeln scheint schon zu sagen, was später die Lippen des Mannes gesprochen haben: 'Kommt her zu mir alle, die ihr mühselig und beladen seid.' "

Schwester Angela dürfte in der neuen Gemeinschaft viel zu leiden gehabt haben. Das Klima dort war alles andere als ideal für die Ausübung des Ordenslebens. Die neue Oberin kritisierte Mutter Michaela oft vor den Eigenen und den Fremden, während Schwester Angela sie verehrte.

Nachdem Schwester Angela 15 Monate an ihrem neuen Bestimmungsort verbracht hatte, kehrte sie im Juli 1937 zur Gemeinschaft nach Mötz zurück. Wir wissen nicht genau, warum.

Die Chroniken berichten die Meinung einiger älterer Schwestern, die sie kannten. Danach vermisste Schwester Angela ein authentisches Ordensleben in der Gemeinschaft. Jenes Klima der Intrigen und Abneigungen war weit davon entfernt, ein solches Leben zu fördern. Tatsächlich war die trinitarische Gemeinschaft von St. Martin in Gnadenwald drei Jahre nach ihrer Eröffnung von der Bildfläche verschwunden.

Aus ihrer kurzen Aufenthaltszeit in Gnadenwald - ein wenig mehr als ein Jahr - sind sieben Briefe an ihre Familie erhalten, die ihren Seelenzustand erkennen lassen.

Im Brief an ihren kleinen Neffen Arnold vom 14. April 1936 anlässlich seiner Erstkommunion schreibt sie neben den guten Ratschlägen, die sie ihren Liebsten immer gibt, dass er auch für sie beten möge, wenn der Heiland in seinem Herzen sein wird, und zwar auf folgende Weise: "Lieber Heiland, ich bitte dich für Tante Mariechen, du weißt ja alles." *(Brief 13)*

Ihrem Bruder Franz, der sich nach seiner Schwester sehnt, sendet sie am 1. Juni 1936 ein großartiges Gedicht, das sie für sich selber über das Heimweh geschrieben hat. In ihm heißt es:

"Unser Heimweh soll nur nach dem Himmel geh'n...
Das Hadern um das Weltliche ist vergänglich

Und alles, Freud wie Leid, es geht vorbei.
Geht es uns gut, so vergessen wir auf den lieben Heiland,
Erst im Leid lernen wir ihn kennen." *(Brief 15)*

Ihrer Schwester Elisabeth schreibt sie am 12. Juli 1936: "Liebes Lieschen... Halte die Kinder viel zum Opfer-Bringen im Kleinen an und zur häufigen Kommunion zum Troste des göttlichen Herzens Jesu... O wenn der liebe Heiland doch recht viele Opferseelen fände, und wie schön ist es, nur für ihn zu leben. Tun wir für ihn, was in unseren schwachen Kräften steht. All unser Tun und Lassen opfern wir ihm im Verein mit seinen Verdiensten, seinem kostbaren Blute und seiner Liebe, denen der lieben Himmelmutter, aller lieben Engel und Heiligen des Himmels und aller ihn liebenden Seelen auf Erden auf, durch die reinsten Hände der lieben Himmelmutter, die alles ersetzt, was uns mangelt, für die Bekehrung der Sünder... Ein böses Wort, das uns entschlüpfen will, zurückhalten, ein wenig Durst leiden, den aufsteigenden Zorn unterdrücken und dergleichen mehr sind dem Heiligsten Herzen Jesu so wohlgefällige Opfer... Tun wir, was wir noch können, wir wissen nicht, wie lange noch. Wie Gott will und wann Gott will. Im Gebete immer vereint." *(Brief 16)*

Dies ist ein Abbild der katholischen Spiritualität ihrer Zeit, in der man das Opfer und die Hingabe besonders hervorhob.

WIEDER IN MÖTZ - EINE GELÄUTERTE SEELE

Aus ihren Briefen an die Familie wissen wir, dass Schwester Angela im Juli nach Mötz zurückkehrte. Ihre Nachrichten lassen wieder den Optimismus und die anfängliche Freude durchblicken. Ohne je die tiefe theologische Dimension des trinitarischen Ordenslebens vergessen zu haben, musste sie darin doch eine harte und schwierige Unter-

Die Kommunität von Mötz beim Spinnen - Sr. Angela (2. von links)

brechung hinnehmen, in der sie sich in die Kreuzesmystik zurückzog. Ihre großzügige Seele wurde im Leid geläutert und im Schmerz und in der Einsamkeit gereinigt.

“O wonnesame Einsamkeit!”, ruft sie in einem Brief an Gertrud aus. Im Leid und in der Einsamkeit hat das Gold ihres Christen- und Ordenslebens an Feingehalt zugenommen. Der Heilige Geist hat sie gestärkt. Schwester Angela ist eine geläuterte Seele. Sie ist für den Kampf vorbereitet. Und aus diesem harten Kampf, dem sie bald ausgesetzt sein wird, wird sie siegreich hervorgehen.

“BETET FÜR DIE KIRCHE UND DIE GLAUBENSVERBREITUNG”

Aus den letzten drei Monaten des Jahres 1937 haben wir noch drei Briefe an ihre Schwestern Gertrud und Elisabeth. In ihnen zeigt sie nach wie vor ihre Sorge um das christliche Leben in ihrer Familie. Sie gibt immer wieder Ratschläge für das sakramentale Leben und das Gebet, sie schreibt über ihre Freude an der Weihe im Ordensleben, sie lädt ihre Neffen und Nichten ein, das Ordensleben im Trinitarierorden oder in den Kongregationen zu ergreifen, vor allem Lidwina, die schon entschlossen scheint, dem Weg ihrer Tante zu folgen. Sie nimmt ihr "eingefleischtes Laster" - etwas, was sie in Gnadenwald völlig vergessen hat - wieder auf: die Familie um materielle Hilfe zu bitten.

Es erscheint nun ein Element, das zwar nicht völlig neu ist, aber doch immer stärker und öfter angesprochen wird: ihre Sorge um die Kirche, um die Glaubensverbreitung.

So schreibt sie zum Beispiel ihrer Schwester Gertrud am 6. Oktober 1937: "Beten wir fleißig füreinander und für die heilige Kirche und die Ausbreitung unseres heiligen Glaubens".*(Brief 20)* Und ein paar Tage später schreibt sie ihrer Schwester Elisabeth: "Betet viel für unsere heilige Kirche, die Glaubensverbreitung und dass die Feinde unserer heiligen Kirche gedemütigt und ihre Pläne zunichte werden. Betet und opfert viel." *(Brief 21)*

Die Situation in Österreich ist angesichts des Drucks vonseiten Deutschlands äußerst beunruhigend. Schwester Angela, eine intuitive und scharfsinnige Frau, merkt das im vollen Umfang. Außerdem hatte sie im noch freien Österreich die Gelegenheit, die mutige und die Situation erhellende Enzyklika von Papst Pius XI. vom 14. März 1937, "Mit brennender Sorge", zu hören und selbst zu lesen. Sie fordert die Rechte der Kirche ein und verurteilt ohne Umschweife die Nazi-Ideologie sowie ihre konkreten Anwendungen.

Daher schreibt sie aus einer objektiven Kenntnis der Wirklichkeit heraus an ihre Schwester Elisabeth am 17. Oktober 1937: "Ich glaube, ihr seid nicht recht im Bilde über alles, wie es bei euch ist." *(Brief 21)*

In der Tat gab der deutsche Verteidigungsminister am 24. Juni 1937 den Befehl für eine allgemeine Kriegsvorbereitung des Heeres. Der deutsche Generalstab plante bereits eine mögliche Besetzung Österreichs. Dieses Vorhaben wurde "Sonderoperation OTTO" genannt.

Am darauf folgenden Tag, am 25. Juni, wurde Arthur Seyss-Inquart, ein routinierter Nationalsozialist, für das Amt des Staatsrates vereidigt.

Langsam gelang es der mächtigen deutschen Maschinerie, das kleine und verarmte Österreich zu zerdrücken. Vielleicht wies Schwester Angela, die nicht an der Wirklichkeit vorbeilebte, gerade deshalb so oft darauf hin, dass man so leben solle, dass man stets auf den Tod vorbereitet sei.

SCHWESTER ANGELA, FREUDE DES HAUSES

Angesichts dieser großen sozialen und wirtschaftlichen Probleme war Schwester Angela die Freude des Hauses und eine unersetzliche Stütze für die Gemeinschaft. Mit ihrer Arbeit trug sie entscheidend zu deren Unterhalt bei. Sie führte den Kindergarten, in dem zur Zeit der Ernte eine größere Anzahl Kinder aufgehoben war. Am frühen Abend gab sie Unterricht in Zuschnitt und Anfertigung von Kleidung, darüber hinaus leitete sie einen Stickkurs. In dieser Kunst lag ihre Stärke. In der Pfarre von Mötz übte sie das Amt der Mesnerin aus, und dennoch fand sie noch Zeit, um den Kranken des Ortes beizustehen, zu nähen und zu

Sr. Angela 2. von rechts

sticken, die Paramente der umliegenden Pfarren zu waschen, den kleinen Garten des Klosters zu betreuen und vor allem, und das mit besonderem Eifer, die Schwester Oberin, Michaela von den Heiligen, zu pflegen, die sehr krank war. Sie half manchmal sogar noch den Bauern des Ortes bei ihrer Feldarbeit. Sie war bei der Bevölkerung von Mötz sehr beliebt, wie sich die älteren Leute des Ortes, denen sich Schwester Angelas Bild unauslöschlich eingeprägt hat, immer noch erinnern.

ÖSTERREICH UNTER DER HERRSCHAFT DES DIKTATORS

In den ersten Monaten des Jahres 1938 überstürzten sich die Ereignisse, die Österreich unter die Gewalt Nazi-Deutschlands bringen sollten.

Am 26. Jänner wurde der Versuch eines Staatsstreiches, den die österreichischen Nationalsozialisten vorbereitet hatten, vereitelt.

Am 12. Februar fand in Berchtesgaden eine Begegnung Schuschniggs mit Hitler statt. Der österreichische Kanzler wurde dabei vom Diktator genötigt, Vereinbarungen mit ihm zu treffen, die in der Praxis die Übergabe Österreichs an die Nationalsozialisten bedeuteten: Er sah sich verpflichtet, die Interessen Hitlerdeutschlands in der Außenpolitik zu unterstützen und, obwohl die Nationalsozialistische Partei in Österreich verboten war, Nationalsozialisten in seine Regierungsmannschaft aufzunehmen.

Tatsächlich wurde am 16. Februar eine Umgestaltung der Regierung vorgenommen, bei der Seyss-Inquart zum Innenminister ernannt.

Am 17. Februar sammelten die Gewerkschafter mehr als eine Million Unterschriften für die Unabhängigkeit Österreichs, und zwei Tage später stürzten sich die Nationalsozialisten darauf, Kundgebungen in den verschiedenen Städten zu organisieren.

Am 20. Februar übertrug das österreichische Radio die Rede Hitlers im deutschen Parlament, die, wenn auch in verhüllter Form, klare Drohungen gegen Österreich und die Tschechoslowakei enthielt.

Am 24. Februar antwortete Schuschnigg mit einer Rede im österreichischen Parlament, in der er das klare Interesse seiner Regierung an einem "deutschen Frieden" kundtat, wobei er aber mit Nachdruck darauf hinwies, dass die Unabhängigkeit Österreichs mit allen Mitteln verteidigt werde bis zum "rot-weiß-roten Tod".

Am 9. März verkündete der österreichische Bundeskanzler in Innsbruck die Durchführung einer Volksabstimmung über die Unabhängigkeit Österreichs. Die Wähler sollen sich für oder gegen ein freies, unabhängiges, soziales und christliches Österreich aussprechen.

Unmittelbar darauf zwangen Hitler und sein Stellvertreter Hermann Göring - unter Androhung einer Invasion - Schuschnigg, die Volksabstimmung abzublasen, die sogar nach Meinung der Nationalsozialisten eine klare Mehrheit für die Unabhängigkeit gebracht hätte, seinen Machtposten freizumachen und ihn seinem Innen- und Sicherheitsminister, dem Nationalsozialisten Arthur Seyss-Inquart, zu übergeben.

Am 11. März erklärte Schuschnigg in seiner Abschiedsrede, die im Radio übertragen wurde: "Der Herr Bundespräsident beauftragt mich, dem österreichischen Volke mitzuteilen, dass wir der Gewalt weichen. Wir haben, weil wir um keinen Preis, auch in diesen ernsten Stunden nicht, deutsches Blut zu vergießen gesonnen sind, unserer Wehrmacht den Auftrag gegeben, für den Fall, dass der Einmarsch durchgeführt wird, ohne Widerstand sich zurückzuziehen... Gott schütze Österreich!"

In den ersten Morgenstunden des 12. März besetzten die deutschen Truppen Österreich, ohne jeglichen Widerstand vorzufinden. Hunderttausende Österreicher, die von falschen Hoffnungen geleitet waren, bejubelten den Anschluss. Abgesehen von den wenigen Nationalsozialisten, die es in Österreich leider auch gab, waren noch andere Gründe vorhanden, die bis zu einem gewissen Grad die Euphorie und Massenhysterie erklären: der nationale Traum von 1918, ein Reich mit Deutschland zu bilden; die Hoffnung auf Arbeit; eine gefestigtere Wirtschaft in der Zukunft; für viele das Verschwinden einer unerwünschten Regierungsform; und zuletzt darf man auch die Angst vor möglichen Vergeltungen eines Regimes nicht vergessen, das für seine unerbittlichen Mittel gegenüber denen, die sich ihm widersetzten, bekannt war.

Die Massenmedien zeigten die stürmischen Massen und die Paraden der Soldaten. Jene Modewörter, die vom Anbruch einer "Neuen Zeit" sprachen, waren überall zu hören. Das, was man nicht zeigte und wovon niemand sprach, das waren die Verhafteten - die politischen Feinde, Juden usw. -, die in den Selbstmord Getriebenen und die Erschrockenen, die ihre Häuser nicht mehr verließen.

Am 13. März wurde in Wien und Berlin gleichzeitig das "Bundesverfassungsgesetz über die Wiedervereinigung Österreichs mit dem Deutschen Reich" verkündet.

"Eine Volksabstimmung, die für den 10. April 1938 angesetzt war, brachte Österreich eine Propagandakampagne bisher ungekannten Ausmaßes und das in Diktaturen übliche Abstimmungsergebnis von 99 Prozent. Dieses Plebiszit diente nachträglich der Scheinlegitimierung des verfassungs- und völkerrechtswidrigen Gewaltaktes." (Widerstand und Verfolgung in Österreich)

BIS IN DEN TOD

Nein, es ist nicht der Eid eines österreichischen Patrioten in seinem Kampf gegen die Nazidiktatur. Es ist die Hingabe einer

Ordensschwester, die vor Gott und der Kirche feierlich verspricht, Jesus Christus in Keuschheit, Armut und Gehorsam bis in den Tod nachzufolgen. Im Professbuch ist folgendes Protokoll der feierlichen Profess zu lesen:

"In der spanischen Kongregation der unbeschuhten Trinitarierschwestern und in ihrem Noviziatshaus hat Schwester Angela Maria vom Heiligsten Herzen Jesu am 28. September 1938 ihre ewige Profess abgelegt, nachdem sie alle von der Gewohnheit und dem Recht vorgeschriebenen Erfordernisse und Formalitäten erfüllt hatte, wie die drei Jahre der zeitlichen Gelübde und das Mindestalter von 21 Jahren. Die Gelübde nahm Mutter Michaela von den Heiligen als Delegierte der Ehrwürdigen Mutter General, Mutter Maria von der Heiligsten Dreifaltigkeit, die in Valencia (Spanien) residiert, entgegen. Sie hielt sich an den in den Konstitutionen vorgeschriebenen Ritus und die Gewohnheiten des Hauses, und um den Kanon 576 des Kodex des kirchlichen Rechts zu erfüllen, wurde dieses Dokument geschrieben, das die Professin, die Oberin und noch eine Schwester mit Profess unterzeichnen."

Wir können uns die Freude vorstellen, mit der Schwester Angela, verliebt in Jesus Christus, öffentlich und feierlich das unterzeichnete, was sie in ihrem Herzen bereits lebte die lebenslange Zugehörigkeit zu ihrem Herrn:

"Ich, Schwester Angela vom Heiligsten Herzen Jesu,
mache meine Profess und gelobe der Allerheiligsten
Dreifaltigkeit
auf immer Gehorsam, Armut und Keuschheit...."

Diesmal erfolgt die Benachrichtigung ihrer Familie nach dem Ereignis, aber es sind dieselben Gefühle herauszulesen, die uns von ähnlichen Situationen schon bekannt sind.

Am 9. Oktober 1938 schreibt sie ihrer Schwester Elisabeth: "Heute kann ich euch die freudige Mitteilung machen, dass ich am 28. September meine ewigen Gelübde abgelegt habe, denen zehntägige Exerzitien vorausgingen. Am 27. September waren es gerade fünf Jahre, dass ich hier bin... Die Exerzitien waren wunderschön, es ist ein Angrenzen an den Himmel. Opfert bitte die hl. Messe und Kommunion an einem Sonntag in meiner Meinung auf." *(Brief 23)* Mit ähnlichen Worten schrieb sie am selben Tag auch ihrer Schwester Gertrud.

Im Übrigen zeigt sich Schwester Angela in den letzten vier Briefen, die der Profess vorausgingen, wie immer: fröhlich, voll Liebe zu ihrer Berufung und zur Kongregation, als betende und eucharistische Seele, als Lehrerin der Familie in Glaubensfragen und als Marienverehrerin. Sie bedankt sich für die Pakete, die ihr die Familie sendet, was die missliche Lage beweist, in der sich die Schwestern befinden. Die Andenken an ihre ewige Profess, die sie selbst gemacht hat, schickt sie etappenweise, um Porto zu sparen. Sie ist sehr besorgt um die Schwester Oberin, deren Stellvertreterin sie jetzt ist, denn ihre Gesundheit ist angeschlagen. Es bleibt nur mehr die Zuflucht zum Gebet, um das sie vor allem ihre Neffen und Nichten mit Nachdruck bittet.

ISOLIERT DURCH DIE GESTAPO

Die Verbindung zwischen dem Mutterhaus der Kongregation in Valencia, Spanien, und der Gemeinschaft in Mötz ist bis Mai 1936 regelmäßig. In der Tat ist der Bezug auf Mötz im Aktenbuch der Generalkurie von Jänner 1926 bis November 1935 konstant. Am 16. und 28. Mai 1936 schreibt Mutter Michaela von den Heiligen noch zwei Briefe an die Generaloberin. Der zweite bezieht sich auf einen Brief, den sie von dieser empfangen hat.

Von dieser Zeit an ist die Briefverbindung, von einigen Ausnahmefällen abgesehen, unterbrochen. Die Übermittlung dieser Briefe erfolgt, wie wir später hören werden, auf besondere Weise. Es sei daran erinnert, dass zwei Monate später der Spanische Bürgerkrieg beginnt und kurz nach dessen Beendigung der Zweite Weltkrieg ausbricht.

Die normalen und regelmäßigen Mitteilungen werden erst Ende 1947 wieder aufgenommen. Am 15. Dezember 1947 habe sich der Generalrat zu einem Kapitel versammelt, wie das Protokoll Nr. 307 berichtet. Die Sitzung sei eröffnet worden "mit dem Verlesen eines Briefes von Mutter Michaela von den Heiligen, ...in dem sie über die Wechselfälle, die sie durchmachen müssen und über das schlechte Leben dort berichtet, und außerdem um ein Formular für die ewigen Gelübde bittet."

Wie aber ist eine so lange Stille im Briefverkehr zwischen der Gemeinschaft in Mötz und dem Mutterhaus zu erklären? Die Kriege sind zwar ein großes Hindernis gewesen, aber können sie allein die Erklärung dafür abgeben? Es scheint fast, nein.

Die Oberen in Valencia klagen oft über das Fehlen von Nachrichten aus Mötz, und die Schwestern dieser Gemeinschaft fühlen sich vom Mutterhaus verlassen und ihm unbequem. Die Schwestern von Mötz denken sogar an eine Trennung. Was ist nun wirklich geschehen? Da wir über keine sicheren Beweise verfügen, sind wir hier auf Mutmaßungen angewiesen, auf Mutmaßungen aber, die so begründet sind, dass sie einem Beweis schon sehr nahe kommen. Es scheint, dass die Gestapo den Briefwechsel der Schwestern beschlagnahmt hat. Es ist bekannt, dass dies eine übliche Praxis Nazideutschlands gewesen ist, vor allem, wenn die Nazis, wie im Fall der Schwestern von Mötz - und in vielen anderen Fällen - sich des Hauses bemächtigen wollten.

Weder die Schwestern in Österreich noch die in Spanien haben damit aufgehört, einander zu schreiben, vor allem dann, wenn etwas Offizielles mitzuteilen war: Kapitel, Wahlen, Eintritte, Professen usw. Die Briefe sind aber an ihrem Ziel nicht angekommen. Nach Beendigung des Spanischen Bürgerkriegs, während dessen das Mutterhaus in Valencia von den Republikanern besetzt gehalten und bis 1939 als Militärkaserne verwendet worden ist, normalisierte sich das Leben der Kongregation in Spanien.

Am 14. Februar 1940 werden die Häuser, in denen weniger als 12 Schwestern waren, in Gruppen zusammengefasst, um Delegierte zum Generalkapitel am 6. August 1940 zu senden. Dies ist aus dem Protokoll Nr. 141 ersichtlich. Mit der Gemeinschaft in Mötz werden Piedrahita (Avila) und Estivella (Valencia) zusammengeschlossen. Das heißt aber nicht, dass es mit Mötz Kontakt gegeben hätte, denn im Rundbrief vom 9. März 1940 schreibt die Generaloberin: "Wir haben von dort bis heute keine Antwort erhalten..."

Bei den Wahlen im August 1943 und im November 1946 wird Mutter Michaela von den Heiligen zur Oberin von Mötz gewählt, nicht aber zur Novizenmeisterin für Österreich, "da wir nicht wissen, in welcher Lage sie sich derzeit befindet".

Trotzdem leben die Oberen in Valencia in ständiger Sorge um die kleine Gemeinschaft in Mötz. Im April 1946, als der Zisterzienserpater Eugen Fiderer aus dem königlichen Kloster von Poblet (Tarragona) nach Tirol übersiedelt, schreibt die Generaloberin zwei Briefe und bittet ihn, die Schwestern in Mötz aufzusuchen: "Ich wäre Ihnen sehr dankbar, wenn Sie sich, falls der Herr Ihnen die Gnade gewährt, bei Ihrer Ankunft in Stams erkundigen, ob unsere Schwestern in Mötz sind, und wenn dies der Fall ist, ihnen einen Besuch abstatten in unserem Namen und ihnen von hier einige Nachrichten zukommen lassen und einen kleinen Brief, den ich mir erlaube, Ihnen mitzugeben."

Die Schwestern in Mötz lassen am 6. Februar 1945 ihrerseits der Generaloberin über den Spanischen Konsul in Wien einen Brief zukommen, in dem sie von Schwester Angelas Tod in einem Konzentrationslager in Schlesien berichten. Am 25. April 1945 teilt die Generaloberin im Rundbrief Nr. 124 der Kongregation Schwester Angelas Tod mit. Unter anderem schreibt sie: "Das sind die einzigen Nachrichten, die wir von ihrer Krankheit und ihrem Tod besitzen... Wenn uns der Briefwechsel eines Tages erleichtert wird, werden wir versuchen mehr darüber zu erfahren."

Seit dem 15. Dezember 1947 findet wieder ein reger Briefwechsel statt.

Es stellt sich hier die Frage, warum dieser erst so spät wieder einsetzte, da doch der Zweite Weltkrieg bereits am 8. Mai 1945 sein Ende genommen hatte. Das ist eine zu große Unbekannte, um sie mit Sicherheit klären zu können. Wahrscheinlich fällt diese Zeit mit der Absicht der Schwestern in Mötz zusammen, sich von der Kongregation zu trennen, da sie sich in ihrem Schicksal allein gelassen fühlten. Sie wussten ja nicht, dass das Abreißen der Verbindung ein Werk der Gestapo war.

VERTEIDIGUNG IHRES KLOSTERS

Wie wir bereits angedeutet haben, scheinen die Nazis im Sinn gehabt zu haben, sich das Haus der Schwestern anzueignen. Das war die übliche Praxis in jenem despotischen System, in dem sich die Nazis als Eigentümer und Herren der Welt betrachteten.

Im September 1939 war Schwester Angela Vikarin und Ökonomin der Gemeinschaft.

Sie erkannte sogleich, wie sie die Karten auszuspielen hatte, um zu verhindern, dass sich die Nazis des Hauses bemächtigten: Sie machte geltend, dass es sich um eine spanische Kongregation handelte. Daher versuchte sie aufzuzeigen, dass das Kloster Eigentum dieser Kongregation sei. Schwester Angela war sich der guten Beziehungen zwischen Spanien und Deutschland bewusst und setzte dieses Wissen bei der Verteidigung ihres Klosters ein. Wir besitzen ein außerordentlich wichtiges Dokument, das unsere Behauptung bekräftigt. Es handelt sich um einen Brief des Spanischen Konsuls in Wien, Román de la Presilla, an Schwester Angela, der es wert ist, hier angeführt zu werden:

“An die
Ehrwürdige Schwester Angela,
Orden der allerheiligst. Dreifaltigkeit
Mötz , Oberinntal, Tirol

Bevor dieses Konsulat auf Ihre Anfrage vom 28. September 1939 näher eingehen kann, teilt es Ihnen in Beantwortung derselben mit, dass Sie vor allem hieramts nachweisen müssten, dass Ihr Kloster (das Haus in Mötz) spanisches Eigentum ist, und zwar unter Vorlage der entsprechenden Belege (Grundbuchauszug, Bestätigung des Mutterhauses in Valencia legalisiert von den kompetenten spanischen Behörden und dem spanischen Außenamt, sowie andere Belege, die zur Bekräftigung der Angaben dienen könnten).

Wien, am 2. Oktober 1939.
Im Jahre des Sieges.
DER SPANISCHE KONSUL.”

Es ist offensichtlich, dass die Schwestern diese Dokumente vom Mutterhaus erbeten haben. Aber im Archiv in Valencia gibt es nicht den geringsten Hinweis auf solche Briefe, sind sie doch an ihrem Ziel nie angekommen.

Schwester Angelas Argumente schienen jedoch auf die Deutschen Eindruck zu machen, denn obwohl sie den Kindergarten geschlossen hatten, wagten sie es nicht, das Kloster zu enteignen. Damit wurde aber Schwester Angela zu einer Kandidatin für das Konzentrationslager. Durch ihr mutiges Auftreten verwandelte sie sich in eine begehrte und gehetzte Beute der Gestapo.

ZWEITER WELTKRIEG - EINE SCHARFSINNIGE FRAU

Es ist bekannt, dass hohe Persönlichkeiten, sogar innerhalb der Kirche, den Nationalsozialismus mit Sympathie und Hoffnung begrüßten. Sie versprachen sich davon Ordnung, Fortschritt, sowie Freiheit und Schutz der Religion. "Am 18. März 1938 hatten die österreichischen Bischöfe, allen voran der Erzbischof von Wien, Theodor Kardinal Innitzer, in Verkennung der wahren Absichten des NS-Regimes und der auch auf die Kirche zukommenden Entwicklung, die Okkupation Österreichs durch Hitlerdeutschland in einer 'Feierlichen Erklärung' begrüßt." (Widerstand und Verfolgung in Österreich)

Doch schon bald mussten sie mit bitterer Enttäuschung die traurige und harte Wirklichkeit einer Ideologie erkennen, die sich fast göttlich gab und ihren Führer als Gott des Dritten Reiches verkündete.

Viele dieser enttäuschten Personen wechselten, als sie den Ernst der Lage erkannt hatten, zu einer offenen und klaren Opposition und sogar zum aktiven Widerstand. Tausende von Priestern, Ordensleuten und mutigen Christen wurden eingekerkert und in die Konzentrationslager verschleppt; und sie opferten so mutig ihr Leben für die Gerechtigkeit.

Deutschland setzte inzwischen seinen verrückten Eroberungswettlauf fort. Die Münchner Konferenz (29.-30. September 1938) erlaubte Hitler, sich das Sudetenland anzueignen. Damit noch nicht zufrieden, besetzten die deutschen Truppen am 15. März 1939 Böhmen und Mähren, die "Reichsprotektorat" wurden.

Am 1. September 1939, als Nazi-Deutschland in seinem unersättlichen Streben, sich die Völker des Ostens anzueignen, Polen angriff, brach der Zweite Weltkrieg aus.

Schwester Angela erkannte die Situation von Anfang an mit einer erstaunlichen Scharfsinnigkeit. Im Oktober 1937 schrieb sie bereits ihrer Schwester Elisabeth die uns bekannten Worte:

“Ich glaube, ihr seid nicht recht im Bilde über alles, wie es bei euch ist.” *(Brief 21)*

Wir haben auch die Sorge gesehen, mit der sie die Ereignisse und die Situation der Kirche und des Glaubens verfolgt, weswegen sie nicht müde wird, um Gebet zu bitten.

Am 25. März 1940, sieben Monate nach Kriegsbeginn, schreibt sie, nachdem ihr Neffe Erich freiwillig in die Wehrmacht eingerückt ist, in ihrem letzten Brief an ihre Schwester Elisabeth, Erichs Mutter, folgende prophetische Worte:

“Wie kommt es, dass der Erich sich als Freiwilliger meldet, wo doch jeder froh ist, wenn er jetzt zu Hause bleiben kann...? Bevor es ruhigere Zeiten gibt, kostet es noch manches Opfer von einem jeden und vielleicht auch - die Heimat. Grausig wird's werden. Ob ihr dort bleiben könnt? Aber es wird allerwärts nicht sicher sein. So geht's nicht lange mehr. Ich meine nach der Adresse von Erich, dass er bei den Fliegern ist?... Man nennt sie die - Todgeweihten! Stürmisch wird's um alle Völker! Wer weiß, ob wir uns nochmals zusammen finden nach dem Sturm. Ganz wie Gott will, wir stehen in seinem Willen und sind nur noch für ihn da.” *(Brief 25)*

Am 25. März 1940 schreibt sie ihrer Nichte Melanie zu ihrer Erstkommunion. Das ist der letzte Brief an die Familie, der noch erhalten ist. Wie immer bei solchen Gelegenheiten, schreibt sie voll Liebe und Zärtlichkeit. Sie hat eigens für diesen Tag ein Gedicht verfasst. Sie schließt sie in ihr Gebet ein und empfiehlt auch ihr, zu beten, sich dem Herrn zu übergeben und, vor allem, häufig die Kommunion zu empfangen. Sie bittet auch um Gebet für die Eltern und Geschwister, für Erich, dass er nicht an die Front müsse, für die gesamte unterdrückte und drangsalierte heilige Kirche, dass bald Friede werde, für Lidwina, dass ihr die Berufung zum Ordensleben bleibe und schließlich für ihre Tante Angela.

3

INNSBRUCKER POLIZEI-GEFANGENENHAUS

VERHAFTUNG

Am 10. August 1940 ging Schwester Angela in ein Geschäft in der Nähe des Klosters, um Milch zu kaufen. Sie erzählte den Frauen, die wie sie warteten, von der Versenkung eines Schiffes der deutschen Flotte in Norwegen durch die Alliierten sowie von der großen Anzahl der Toten. Das wurde von einer älteren Frau an ihren Sohn, einem bekannten Nazi, weitererzählt. Dieser hatte kurz zuvor den Schwestern ein Radio zur Verfügung gestellt. So war der folgende Schluss offensichtlich: Die Schwester muss irgendeinen ausländischen Sender gehört haben. Das war aber streng verboten, "Schwarzhörer" wurden verhaftet. Daher zeigte er Schwester Angela bei der Gestapo an. Zwei Tage später holten Gestapo-Leute Erkundigungen ein. Sie fragten die Frauen, die damals im Geschäft waren, ob sie nicht gehört hätten, dass Schwester Angela gesagt habe, Hitler sei eine Geißel für ganz Europa. Die Befragten aber sagten, sie könnten sich an nichts mehr erinnern. Nur die schon erwähnte ältere Frau bezeugte Schwester Angelas angebliche Worte. Daraufhin wurde sie verhaftet. In der Kartei wurde der Grund für die Verhaftung angegeben: "Verfügung der Gestapo."

Die Verhaftung wurde auf brutale Art und Weise ausgeführt. Einer der Polizisten riss ihr den Schleier vom Kopf und warf ihn auf die kranke Schwester Oberin. Schwester Angela brach zusammen, und jene Häscher nahmen sie und warfen sie in das Auto, als ob es sich um einen Müllsack handelte.

Das war die erste Station eines harten Kreuzweges, der noch mehr als vier Jahre andauern sollte.

INNSBRUCKER POLIZEI-GEFANGENENHAUS

Schwester Angela wurde ins Innsbrucker Polizei-Gefangenenhaus eingeliefert, das im Hotel "Sonne" untergebracht war. Dort wurde seit dem 5. Juli auch Dr. Lampert, Provikar der Apostolischen Administratur von Innsbruck-Feldkirch, festgehalten, ein mutiger und heiligmäßiger Priester, der wenige Tage vor Schwester Angela am 13. November 1944 unter dem Fallbeil den Märtyrertod starb. Schwester Angela hatte bei ihren Spaziergängen im Gefängnis die Gelegenheit, mit ihm zu sprechen. In ihren Briefen an die Gemeinschaft spricht sie unter dem Namen Dr. Lamprecht oft von ihm. Sie verfolgt voll Interesse das Schicksal ihres geschätzten und heiligmäßigen Provikars.

Nur 17 Tage blieb Schwester Angela im Innsbrucker Polizei-Gefangenenhaus. Aber in dieser kurzen Zeit zeigte sie sich als das, was sie war und bis zu ihrem Tod bleiben sollte: eine Frau, die im dreifaltigen Gott verwurzelt ist, sich auf seine liebevolle Vorsehung verlässt, das Kreuz Christi, die Quelle

Polizeigefängnis von Innsbruck

des Heils, umarmt, sich, von der trinitarisch-befreienden Liebe gedrängt, ganz dem Dienst an ihren Schwestern im Gefängnis hingibt, ohne auf Nationalität, Rasse oder Religion zu achten, und in ihrer Entsagung sich selbst vergisst und für die anderen lebt, vor allem für ihre geliebte Gemeinschaft und ihre kranke Schwester Oberin.

GESCHEITERTE VERSUCHE, SCHWESTER ANGELA ZU BEFREIEN

Die Schwestern sahen bei der Verhaftung Schwester Angelas nicht gleichgültig zu. Während sie ihr Kloster verteidigten, baten sie den spanischen Konsul auch, sich für Schwester Angelas Befreiung einzusetzen, wie folgender Brief des Konsuls zeigt:

“An die Ehrwürdige
Schwester Oberin Michaela Roth ,
Mötz /Tirol.
Trinitarier-Kloster.

Mit Bezug auf Ihren Brief vom 28. des vorigen Monates, beehrt sich dieses Konsulat Ihnen nochmals mitzuteilen, was es Ihnen bereits mit Schreiben vom 2. Oktober 1939 sagte, dass es notwendig ist nachzuweisen, dass das Klostergebäude spanisches Eigentum ist. Außer dem Grundbuchauszug, den Sie erst jetzt hierhersandten, wäre eine legalisierte Bestätigung des Mutterhauses in Valencia notwendig, sowie eine beglaubigte Abschrift des Kaufvertrages.

Betreffend die Einquartierung der zwei südtiroler Familien, sowie die Einlieferung der Schwester Assistentin, in das Innsbrucker Polizei-Gefangenenlager werden Sie ersucht, hieramts den genauen Sachverhalt bekanntzugeben und gleichzeitig mitzuteilen, bei welcher dortigen Behörde das Konsulat vorstellig werden soll.

Wien, am 12. September 1940.
DER SPANISCHE KONSUL
Román de la Presilla"

Es ist offensichtlich, dass jede mögliche Bemühung vonseiten des Konsulats, Schwester Angela zu befreien, scheiterte, auch wenn wir über weitere Einzelheiten nichts wissen.

Das war aber nicht der einzige Weg, den die Schwestern einschlugen, um Schwester Angela freizubekommen.

Im Archiv der Trinitarierinnen in Mödling werden fünf Briefe aufbewahrt - es dürften aber mehr sein, die die Schwester Oberin, Michaela Roth, im Laufe des Jahres 1941 an August Autsch, Schwester Angelas Vater, schrieb. Aus ihnen ist ersichtlich, dass sich die Schwester Oberin persönlich an die Gestapo wandte. Da sie aber keine befriedigende Antwort erhielt, versuchte sie es über die Familie. Das dürfte der beste Weg gewesen sein, jemanden freizubekommen.

Die Briefe spiegeln die Angst wider, die die Schwestern um Schwester Angela hatten, und auch den drängenden Wunsch, sie in Freiheit wieder zu sehen.

Die Schwester Oberin berät die Familie, was sie tun soll, in welchen Zeitabständen sie schreiben soll, worauf sie das Gnadengesuch stützen soll usw.

Da auch die Familie nichts ausrichten konnte, schrieb sie von neuem an die Gestapo, teilweise im Namen der Generaloberin, und wies auf die spanische Nationalität der Kongregation hin. Die Korrespondenz, die im Archiv der Gemeinschaft in Mödling aufbewahrt wird - es gibt auch Antworten der Gestapo -, weist darauf hin, dass die Schwester Oberin mindestens viermal in der Zeit vom 17. Dezember 1941 bis 1. November 1943 an die Gestapo geschrieben hat.

Obwohl die Hoffnung auf Freiheit manchmal sehr groß war, wurde sie am Ende doch durch die harte Wirklichkeit zerstört.

"MACHT EUCH KEINEN KUMMER"

Wir haben es bereits gesagt: Eine der Tugenden Schwester Angelas ist die Entsagung. Am 19. August, eine Woche nach ihrer Verhaftung, schrieb sie den ersten Brief an ihre geliebte Schwester Oberin:

"Liebe würdige Mutter!

Meine erste Frage: Wie geht es Ihnen, hat sich Ihr Leiden nicht verschlimmert? ... Frau Marie auch herzlichsten Dank und Grüße, bin sehr froh um alles... Machen Sie sich bitte gar keinen Kummer, mir geht es sehr gut." *(Brief 35)*

Am 28. August, dem Vorabend ihrer Überstellung, schrieb sie:

"Herzinnigen Dank für alle, alle Liebe... Heute kommt Frl. Anna vom Spital, werde ihr die schmutzige Wäsche mitgeben, so haben Sie doch keine Arbeit damit. Liebe würdige Mutter, waren Sie wohl viel im Bett?... O bitte, denken Sie an sich, Sie brauchen noch viel Kraft... Sie [die daheim] brauchen vorerst nichts wissen. Der liebe Papa ist doch schon alt und würde sich grämen. Heute hat er und August Namenstag... Bin ja den ganzen Tag mit meinen Gedanken in Ihrer Nähe... Heute 28. 8. 28 vor 12 Jahren, hatten Sie Ihre ewige Profess." *(Brief 36)*

Am 29. August, dem Tag ihrer Überstellung schrieb sie:

"Meine liebe würdige Mutter!

Nachdem ich nun einen Wechsel vornehme, schicke ich Ihnen das Kofferl mit Wäsche, und sobald ich an Ort und Stelle bin (Rosenheim bei München), schreibe ich Ihnen. Bitte keine Aufregung, ich komme dann schneller wieder heim. Habe auch den Ring ins Kofferl geworfen, damit kein Wechsel vorkommt. Also auf ein baldiges Wiedersehn mit den innigsten schwesterlichen Grüßen

Ihre

Schwester Angela" *(Brief 37)*

So weit war Schwester Angelas Herz. Ihre Situation war bedenklich. Sie aber vergaß sich selbst, um an die anderen zu denken und sich um sie zu kümmern.

"DER AUS GLAUBEN GERECHTE WIRD LEBEN" (Röm 1,17)

Frau Anna Trenkwalder, heute 88 Jahre alt, ist eine sehr gebildete und tiefchristliche Frau. Sie wurde zwei Tage nach Schwester Angela verhaftet, weil sie über ihren gefangenen Pfarrer gut gesprochen hatte. Sie teilten miteinander die Zelle Nr. 16. "Als ich hinkam, wollte mir der Aufseher ein Handtuch besorgen, und da eilte Schwester Angela rasch ein paar Schritte weiter und brachte mir ein Handtuch. Jedenfalls war das Handtuch noch dort von einem vorherigen Mithäftling. Sie hatte mir also im ersten Moment schon einen Gefallen erwiesen, sie konnte nicht anders."

“Sie glauben gar nicht, wie wir in der ersten Nacht unseres Beisammenseins in Zelle 16 über Kleinigkeiten gelacht haben!”

“Ich kann nur mit Ehrfurcht für Schwester Angela ein Wort sagen, denn sie lebte voll und ganz aus dem Glauben. Es war für sie schwer zu fassen, dass sie hier nicht die Sakramente empfangen kann, und sagte: ‘So lang keine heilige Beichte mehr, keine heilige Kommunion mehr!’ Von Schwester Angela habe ich ein Gebet zur Mutter Gottes bekommen, das ich heute noch kann:

‘Mit gar manchem Weh im Herzen
komm ich Mutter hin zu dir.
Stillen Trost in allen Schmerzen,
Hilf und Heil such fromm ich hier.
So voll Milde
blickst im Bilde
Du auf mich herab, dein Kind,
dass die Schmerzen
tief im Herzen
fast schon wie verschwunden sind.
Will mit Leib und Seel verschreiben
Dir mich bis zum letzten Hauch.
Hilf auch jenen,
die in Tränen
ich dir leg ans Herz so gern.
Und behüte
Du voll Güte
alle Menschen nah und fern.’ “

Als Schwester Hermine und Schwester Felice, Trinitarierinnen in Mödling, 1987 Frau Trenkwalder besuchten, erinnerte sich diese an Schwester Angela “als besten Katholiken ihres Lebens... Die beiden in Zelle 16 beteten viel.” Und am 26. September 1988 schrieb sie: “Wenn ich an Schwester

Angela denke, bleibt der unauslöschliche Eindruck einer ganz edlen Seele. Ich möchte es fertig bringen, mich so ganz an den dreifaltigen Gott zu verschenken, wie sie es getan hat!"

LIEBEN BEDEUTET: SICH HINGEBEN

Die Verhaftungen durch die Nazis liefen unter zwei verschiedenen Namen: Die Schutzhaft führte ins Konzentrationslager, die Untersuchungshaft hingegen konnte zur baldigen Freiheit führen.

Frau Trenkwalder bezeugt, dass "Schwester Angela wusste, dass es bei ihr Schutzhaft hieß... Beim Spaziergang im Gefängnishof fragte sie immer wieder die anderen, wie es denn bei ihnen heiße. Sie wusste, dass ihr Schweres bevorstand. Innerlich aber war sie frei, sie half und tröstete, wo sie nur konnte." So handelte sie auch an Frau Maria Haslwanter, die wegen Verrats verhaftet worden war, obwohl sie nie erfuhr, worin dieser Verrat bestand. Sie wusste auch keine Geheimnisse oder Ähnliches, mit dem sie das System in seiner Macht hätte behindern können. Eines jedoch wusste sie: dass sie sich weigerte, mit einem deutschen Soldaten, der mit ihr getanzt hatte, die Nacht zu verbringen. Und dass sie kurz darauf verhaftet wurde.

Sie traf Schwester Angela oft beim Spaziergang und bei den verschiedenen Arbeiten. Sie bestätigt, dass sie zu allen sehr gut war, und dass alle sie gern hatten.

Während Frau Haslwanter im Polizeigefängnis war, starb ihre Mutter. Die Nachricht wurde eingeschmuggelt und von Schwester Angela entgegengenommen. Sie überbrachte Frau Haslwanter diese traurige Nachricht und tröstete sie. Frau Haslwandter hat jene Ereignisse noch lebhaft in Erinnerung.

Im Gefängnis von Innsbruck befanden sich auch zwei junge Frauen, die mit Kriegsgefangenen Kontakt hatten. Die eine mit einem polnischen Soldaten, die andere mit einem russischen Offizier. Eines Tages sahen die Gefangenen, wie die beiden Soldaten abgeführt wurden. Wenig später wurden auch die zwei Frauen geholt. Bald danach hörten die anderen Häftlinge eine der beiden durchdringend schreien.

Nach ihrer Rückkehr zu den anderen hatte diese weitere Schreikrämpfe, die andere war stumm und still. Was war geschehen? Die beiden Kriegsgefangenen waren erhängt worden, und den Frauen wurden Fotos von der Hinrichtung gezeigt. Angela versuchte die Frauen zu trösten. Die eine war Mitzi Schwendter. Wir werden ihr Zeugnis über Schwester Angela noch kennen lernen.

VATER, VERGIB IHNEN!

Auf der Welt gibt es viele gute Menschen, auch außerhalb des christlichen Glaubens und am Rande jeglicher religiöser Erfahrung. Sie lassen sich in ihrem menschlichen Verhalten gegenüber den Armen und Unterdrückten von ihrem Gewissen leiten. Wie oft haben sie ihre Großzügigkeit und ihre heldenhaften Taten selbst in den Konzentrationslagern unter Beweis gestellt!

Die Vergebung der Schuld aber ist außerhalb einer echten religiösen Erfahrung nicht zu finden.

Dennoch hört man unter "Christen" oft: "Ich vergebe, aber ich vergesse nicht." Damit zeigen sie jedoch, dass sie nicht vergeben können.

Der wahre Nachfolger Christi hat seinen Herrn und Meister immer vor sich, wie er vom Kreuz aus den Vater bittet, er möge denen verzeihen, die ihn ans Kreuz geschlagen haben.

Schwester Angela war eine solche wahre Nachfolgerin Christi. Wie er, so konnte auch sie denen verzeihen, die sie angeklagt hatten: "Sie vergab denen von Herzen, die sie ausgeliefert hatten", bezeugt Frau Trenkwalder. Schwester Angela selbst bekannte dies voll Freude in ihrem Brief an die Schwester Oberin vom März 1941, den sie in Ravensbrück schrieb: “Es freut mich, ihr von Herzen verziehen zu haben durch die Landecker Anna.” *(Brief 44)*

Da sie wahrhaft, ja heldenhaft, nach dem Evangelium lebte, konnte sie sogar ihre Henker, die Männer und Frauen der SS, lieben und ihnen Gutes tun.

4

FRAUENKONZENTRATIONSLAGER RAVENSBRÜCK

NACH RAVENSBRÜCK - DER TRANSPORT

Wie aus der Karteikarte der Innsbrucker Polizei hervorgeht und wie man auch ihrem letzten Brief aus der Hauptstadt Tirols entnehmen kann, verließ Schwester Angela ohne Gerichtsverhandlung oder Prozess am 29. August 1940, 17 Tage nach ihrer Verhaftung, das Polizeigefängnis und wurde ins Frauenkonzentrationslager Ravensbrück gebracht.

Der Kreuzweg eines Konzentrationslagers begann bereits vor der Ankunft. Die Gefangenen, die zur Schutzhaft in einem Konzentrationslager bestimmt waren, erwartete mit fast völliger Sicherheit ein fürchterlicher "Transport". Das war die erste Maßnahme eines Systems, das darauf aus war, die gefangene Person zu entwürdigen.

Über Schwester Angelas "Transport" wissen wir nichts Genaues. Abgesehen davon, dass es praktisch unmöglich war, solche Nachrichten durch die eiserne Zensur zu bringen, hätte sie ihren Schwestern eine so unangenehme Nachricht nicht mitgeteilt, vor allem um ihre geliebte Schwester Oberin nicht zu beunruhigen, deren Gesundheit ja sehr angeschlagen war. Sehr wahrscheinlich ereilte Schwester Angela dasselbe Schicksal wie Millionen von Verhafteten, die in die Konzentrationslager gebracht worden waren.

Wir verfügen über viele Beschreibungen dieses so unmenschlichen und schrecklichen Schrittes, des "Transportes". Alle stimmen überein: Schreie, Stöße, Schläge... von Seiten der SS-Männer auf dem Weg zum Zug. Mehrtägige Reisen in Waggons, die für den Viehtransport bestimmt und fast hermetisch abgeschlossen waren. Man hatte aufgrund der Anzahl der Personen, die auf einem zu geringen Platz zusammengedrängt waren, Schwierigkeiten sich zu bewegen und zu atmen. Aus einsichtigen Gründen herrschte unerträglicher Gestank vor. Hunger, Durst, Kälte, Hitze... Und fast immer einige Tote.

Am Ziel einer solch peinvollen Reise gab es wieder Schreie, Stöße und Schläge mit Gewehrkolben, wenn nicht sogar Bisse der SS-Hunde, die ihre menschlichen Kollegen manchmal an Wut und Grausamkeit noch übertrafen. So wurden die Gefangenen auf Lastwagen verladen, auf denen sie, wieder wie Sardinen, ins Konzentrationslager gebracht wurden. Und dort ereilte sie der erste Schock des Eintritts: Stacheldraht, Baracken, Soldaten und Wächter der SS mit ihren Maschinenpistolen und Hunden, gespensterhafte Gestalten von ausgehungerten Gefangenen, die mit blau-grau-gestreiften Uniformen bekleidet waren.

KONZENTRATIONS- UND VERNICHTUNGSLAGER

Nach den Untersuchungen des Internationalen Roten Kreuzes in Arolsen, Schweiz, gab es in den Zonen, die von den deutschen Truppen besetzt waren, 1226 Hauptlager, 1011 Neben- oder Außenlager und 114 Vernichtungs- und Judenlager, die anderen Gefängnisse und Kriegsgefangenenlager gar nicht mitgezählt.

Wenn auch die Vernichtungslager zur systematischen Ausrottung derer bestimmt waren, die in sie hineinkamen, in der Hauptsache Juden, so dürfen wir nicht glauben, dass die anderen Lager komfortable Gefängnisse waren, in denen das Leben geschützt wurde. Abgesehen von einigen Unterschieden, wie der höheren Überlebenschance, wenn man mit der Gesundheit und der Arbeit Glück hatte, waren alle Konzentrationslager Vernichtungslager, denn man tötete in ihnen die Leute durch Massenerschießung, den Galgen, das Fallbeil, Gaskammern, Injektionen ins Herz, Injektionen in die Venen, alle Arten von Versuchen am lebenden Menschen, unmenschliche Lebensbedingungen zusammen mit langen und unheimlich harten Arbeitstagen und gleichzeitiger spärlicher Ernährung etc.

"Die im nationalsozialistischen Deutschland (1933 bis 1945) errichteten Konzentrationslager (Abkürzung KZ) waren Sammellager für Zivilgefangene und eines der grausamsten Terrormittel des Hitler-Regimes. Politische Gegner, anfangs vor allem Kommunisten, Sozialisten und Angehörige anderer politischer Parteien, Juden, Priester, Zigeuner sowie nach 1939 Millionen Ausländer wurden o h n e Gerichtsverfahren in den Konzentrationslagern inhaftiert. Bis etwa Winter 1941/42 dienten die Konzentrationslager zur Aufrechterhaltung des Hitler-Terrrors und waren zugleich eine Stätte der Ausbeutung unter sklavenartigen Bedingungen. Nach diesem Zeitpunkt mussten die KZ-Insassen auch noch für die Rüstung der Armee arbeiten." (Marsaleck)

NOCH EIN GEWALTIGER SCHOCK

Wenn der erste Kontakt mit dem Konzentrationslager - verbunden mit dem ersten Schock bei dessen Betreten - überstanden war, wurden die Gefangenen mit dem zweiten Kapitel dieses schändlichen Eingangsrituals vertraut gemacht: mit der Abnahme der Kleider und der letzten Habseligkeiten.

Die Nazis kannten den psychologischen Effekt dieser ersten Momente und nützten ihn bis zum Letzten aus, um den Willen der Gefangenen zu brechen und sie zu demütigen. Die Abnahme der Kleidung waren der Gipfelpunkt der ersten Phase der psychologischen Demoralisierungs-Aktionen: Das bisherige Leben löst sich völlig auf. "Während wir noch auf die Dusche warten, erleben wir so recht unser Nacktsein: dass wir jetzt wirklich gar nichts mehr haben außer unseren nackten Körper..., dass wir jetzt nichts mehr besitzen außer unsere buchstäblich nackte Existenz.” (Frankl)

Diese Situation war für die Frauen noch weit demütigender. Nackt und ihrer letzten persönlichen Dinge entledigt, ihrer Ringe, Uhren etc., werden sie mit Gewalt zur Dusche gezerrt. Danach mussten sie stundenlang warten, wobei sie dem Spott und Gelächter der Häscher von der SS ausgeliefert waren. Antonia Bruha, Überlebende von Ravensbrück, beschrieb ihre Erfahrung wie folgt:

“In einem engen Vorraum sitzt ein Häftling bei einer Schreibmaschine..., neben ihr eine SS-Frau.

‘Ihr Name, Alter, wo geboren, wohin zuständig? Aus welchem Grunde kommen Sie ins Lager?’

‘Aus welchem Grund? Weil ich hergebracht wurde!’

Die SS-Frau lacht: ‘Ja das wissen wir, aber haben Sie gestohlen oder im Widerstand gearbeitet? Lügen nützt nichts, Ihre Akten kommen mit.’

‘Aus politischen Gründen’, sage ich.

Hinter der Aufseherin steht ein SS-Mann. Ich habe den schwarzen Mantel an, den ich bei meiner Verhaftung trug. Damals war er neu, jetzt ist er nur dreckig und abstoßend. Plötzlich zeigt der SS-Mann auf meinen Ärmel und schreit: ‘Seht, eine Laus, da noch eine und noch eine! Das sind die politischen Häftlinge, voll von Läusen und Ungeziefer, innerlich und äußerlich Schweine!’ Er lacht.

Ich sehe auf meinen Mantel. Tatsächlich, es kriechen Läuse auf ihm herum. Bevor ich antworten kann, schiebt mich der Häftling, der geschrieben hat, durch die nächste Tür. Ich frage mich, warum ich geschwiegen habe. Warum habe ich dem SS-Mann nicht ins Gesicht geschrien: ‘Ihr habt uns äußerlich zu Schweinen gemacht, weil ihr euch vor unserer inneren Sauberkeit gefürchtet habt. Ihr wollt unsere Reinheit des Gewissens mit äußerlichem Schmutz bedecken, weil ihr euch dann stark fühlt und sagen könnt: Seht hin, diese Schweine!'

Das hätte ich sagen sollen. Aber es ist keine Zeit mehr, die anderen kommen nach, und schon stehen wir im nächsten Raum. Hier sind viel mehr Häftlinge, wieder mit einer SS-Aufseherin.

'Geben Sie Ihren Schmuck ab', sagt diese.

Ich nehme meine Ohrgehänge ab und lege sie auf den Tisch; die Uhr hat mir schon die Gestapo abgenommen.

'Weiter, die Nächste. - Ausziehen!' ruft sie mir noch nach.

'Was soll ich ausziehen?' frage ich die Häftlinge, die hier arbeiten. - 'Alles!' Sie sind kurz angebunden.

So froh ich bin, dass ich meine schmutzigen Kleider ablegen kann, so ist mir doch dabei, als zöge ich mein eigenes Ich aus, als presste man mich mit Gewalt in ein fremdes Schicksal. Die Häftlinge werfen alles auf einen großen Haufen und schieben mich nackt und allen Eigentums beraubt in den nächsten Raum. Eine angenehme Überraschung: es ist ein Duschraum. Die Brausen werden aufgedreht, und wir dürfen uns waschen.

Dann kommen wir in einen Raum, wo Häftlinge, unter Aufsicht der SS-Frauen, die Entlausung vornehmen. Sie suchen nach Kopfläusen und Filzläusen, und jede, die dank dieses Transports Läuse bekommen hat, wird kahlgeschoren. Von den zweihundert Frauen behalten nur ganz wenige ihre Haare. Unsere Gruppe hat Glück: keine verliert sie.

Anschließend werden wir im Duschraum nackt in einer Reihe aufgestellt. Die Häftlinge, die den Waschraum reinigen, erklären uns, dass wir auf die ärztliche Kontrolle warten müssen...

Wir warten fast zwei Stunden auf den Arzt. Der Raum ist inzwischen kalt geworden, wir frieren erbärmlich. Endlich kommen fünf Männer in SS-Uniformen. Einer setzt sich breitspurig auf die Bank, und hinter ihm steht ein Häftling mit Halsspachteln.

Nun beginnt eine peinliche Nacktparade vor der SS-Versammlung. Viele junge Mädchen weinen, die geilen Blicke und die derben Witze sind so erniedrigend. Keiner, nicht einmal der Arzt, interessiert sich für irgendwelche Krankheitssymptome...

Eine junge Polin ist jetzt an der Reihe, sie ist schön und anmutig und zart wie ein Kind. Etwas haben die Aufseherinnen an ihr übersehen, jedoch der Arzt übersieht es nicht, und schon greifen seine derben Hände zwischen die Brüste des Mädchens. Das Mädchen weicht zurück, hält schützend die Hände vor; grob werden sie weggezogen, die Männerhand reißt ihm die Kostbarkeit vom Hals. Es ist kein Schmuck von großem Wert, nur ein kleines silbernes Kreuzchen. Er hält es hoch und sagt mit krächzender Stimme: 'Na, meine Herren, ein Jungfernkreuz haben wir da! Wer will es als Talisman haben? Eine schöne Jungfrau hat es an ihrer Brust getragen. Hundert Mark zum Ersten, hundert Mark zum Zweiten, wer gibt mehr? Es ist viel wert, das Mädchen ist schön, eine Jungfrau noch, so was gibt es bei uns nicht jeden Tag!'

Die Polin aber hält ihre Hände über der Brust gekreuzt und weint.

Nach dem Mädchen kommt ein altes Mütterchen an die Reihe: 'Was ist mit dir, du alte Ruine? An dir kann man sich nicht begeilen, es kommt einen das Grausen an.' Mit einem Fußtritt wird die alte Frau weiterbefördert.

Ich zähle: zehn sind noch vor mir. Ich zittere am ganzen Körper, und ich bin mir nicht im Klaren, ob es aus Kälte ist oder aus Hass oder etwa aus Angst.

Jetzt stehe ich vorne. Einer greift nach meinem Kopf, er dreht ihn nach allen Seiten und sagt: 'Schönes Blond und echt! Da haben sie drinnen einen Fehler begangen, so etwas muss man abscheren!'

Ich fühle, er will sich nur an meinem Entsetzen weiden.

Ein anderer fragt: 'Weswegen sind Sie hier?'

'Politisch', antworte ich zitternd.

‘Hm, Weiberpolitik’, sagt der, der Arzt sein soll. ‘Weiberpolitik hat nicht weit zu Männerbetten.’ Und mit einem Fauststoß schiebt er mich weiter.

Die Menschenschlange wird immer kürzer, die fünf werden müde, sie haben genug gesehen, genug gelacht und ‘arbeiten’ immer rascher. Endlich ist die Schau beendet.

Als die Sonne sinkt, stehen wir wieder vor dem Bad. Nicht wir, sondern eine Gruppe unmöglich angezogener Menschen. Eine hat ein zu großes Hemd, die andere ein zu kleines, die Schlüpfer sind meist zerrissen; darüber ein schlecht gewaschenes, gestreiftes Lagerkleid, der Stoff ist hart und kratzt auf der Haut unserer abgemagerten Körper. Strümpfe haben wir keine, nur Holzpantinen, die schmerzhaft drücken. Auf dem Kopf ein Kopftuch, das oft die Kahlheit nur schlecht verdeckt. Wir sind keine Frauen mehr und keine Menschen. Jede hat ihre Lagernummer erhalten, und somit ist sie in die große Schar der Rechtlosen und Namenlosen aufgenommen. Wir stolpern, von einem Anweisehäftling angeführt, die Lagerstraße entlang zu der Holzbaracke für Zugänge. Wir verlieren unsere Holzpantinen, die uns nicht passen, wir ziehen sie mühsam wieder an, nur um sie von neuem zu verlieren; einige haben sie ausgezogen und tragen sie in der Hand. Wir müssen erst gehen lernen, in den Pantinen und in unserem neuen Leben hinter Stacheldraht!”

ORGANISATION EINES KONZENTRATIONSLAGERS

Die Nazis ersannen für die Konzentrationslager ein Organisationssystem, das es ihnen erlaubte, diese aus der Ferne zu leiten, ohne dass sie deswegen weniger ein Ort des Schreckens, der Folter und des Todes gewesen wären.

Jeder Teilbereich - Stube, Block etc. - hatte seinen eigenen Verantwortlichen aus den Reihen der Gefangenen, fast immer

Kriminelle. Die Verantwortlichen der Arbeitskommandos wurden "Capos" genannt. Sie alle waren von der Arbeit befreit und erfreuten sich einiger Privilegien, was Unterkunft, Kleidung, Essen, etc. betraf, Dinge, von denen ein gewöhnlicher Gefangener nicht einmal zu träumen wagte. Eine Armbinde gab ihre Funktion an. Man gewährte ihnen weite, teilweise unbegrenzte Vollmacht gegenüber ihren Untergebenen. Man forderte von ihnen aber Rechenschaft und bestrafte sie mit Härte, wenn im Lager, auf ihrem Block oder ihrem Kommando nach Meinung der Lagerleitung etwas nicht in Ordnung war. Wenn sie nicht mit genügend Härte und Wut zuschlugen und bestraften, so waren sie es, die die Schläge und Strafen erhielten.

"Jede Beschwerdemöglichkeit eines Unterstellten gegen einen Capo oder Blockältesten war ausgeschlossen. Dieser konnte nach Belieben strafen, ja selbst töten. Meldete ein Häftlingsfunktionär einen 'Abgang durch Tod', dann wurde in der Regel gar nicht danach gefragt, woran der Häftling gestorben war. Die Nummer musste stimmen, der Appell musste in Ordnung sein, das war alles, was die Lagerführung an einer solchen Meldung interessierte.

Systematisch wurde auf diesem Weg eine Hierarchie unter den Gefangenen ausgebaut, die als verlängerter Arm der Lagerführung den Terror bis in den letzten Winkel des Lagers tragen und ihn auch dann wirken lassen sollte, wenn - wie zum Beispiel nachts - kein SS-Angehöriger im Lager war. Es gab ein einfaches Mittel, Bindenträger zu gefügigen Werkzeugen zu machen, wenn sie erst einmal im Dienst ihrer Herren schuldig geworden waren: Jederzeit konnte ein Capo oder Blockältester seine Binde verlieren und die Stufenleiter in der Hierarchie hinuntergestoßen werden. Sobald er aber mit der Binde den Schutz der Lagerführung verloren hatte, war er der Rache derer ausgeliefert, die er gepeinigt hatte. Es genügte häufig eine Drohung mit dem Entzug des Schutzes...

Die Masse wurde durch ein System barbarischer Strafen

und unsinniger, praktisch undurchführbarer Befehle ständig gehetzt. Mit Vorliebe verhängte die Lagerführung Kollektivstrafen, um Häftlinge gegeneinander auszuspielen. Verlängertes Appellstehen, Strafsport oder Essenentzug sollten die Wut der Masse gegen diejenigen richten, die unliebsam aufgefallen waren. Bereits morgens wurden die Häftlinge zu einem erschöpfenden Wettrennen beim Waschen, Bettenbauen, Aufsuchen der Latrine und Fassen von Kaffee gezwungen, das Bruno Bettelheim vor Kriegsbeginn in anderen Lagern kennen gelernt und so beschrieben hat: 'Noch vor Sonnenaufgang hat bereits ein Kampf aller gegen alle mit all seinen Spannungen, Erniedrigungen und Depressionen stattgefunden. Er war dem Häftling aufgezwungen, noch bevor ein Angehöriger der Wachmannschaft am Morgen das Lager betreten hatte. Die noch unsichtbare SS hatte die Häftlinge zu einer Masse von Menschen gepresst, die ihren Zorn nicht abreagieren konnten und an ihrer Ohnmacht verzweifelten.'

Dieser zermürbende Kampf setzte sich abends fort, wenn die SS das Lager schon verlassen hatte. 'Man darf sich unseren Aufenthalt in der Baracke nach Beendigung des langen Arbeitstages nicht als ein Ausruhen, man muss ihn als neues Martyrium vorstellen', schreibt Pelagia Lewiska."

Durch dieses System schufen die Nazis eine der widerlichsten und verachtenswertesten Persönlichkeiten eines Konzentrationslagers: den Capo, den Gefangenen, der sich in einen Peiniger seiner Mitgefangenen verwandelte. Um der Wahrheit gerecht zu werden, muss man sagen, dass es auch Capos und Verantwortliche gab, die eindeutig das Leben ihrer Kameraden erleichtern wollten und damit das ihre aufs Spiel setzten. Besonders menschlich waren vor allem die politischen Gefangenen, die aus dem Widerstand kamen.

Eine Wachtruppe kontrollierte alle Bewegungen im Lager. Dieser Wachtruppe stand ein Kommandant vor. Das Lager wurde von einem oder mehreren Schutzhaftlagerführern geleitet, denen Rapportführer unterstanden, die ihrerseits Vorgesetzte der Blockführer waren. Die Arbeitskommandos wurden von einem Kommandoführer geleitet.

In jedem Lager wurde ein Lazarett eingerichtet. Alles, was mit dem Gesundheitswesen zusammenhing - und manches, was damit gar nichts zu tun hatte -, unterstand dem SS-Standortarzt.

Ihm waren die anderen SS-Ärzte unterstellt, denen wieder Sanitätsdienstgrade zur Verfügung standen.

Die Krankenbauten waren der Aufsicht der Lagerführung - und damit auch der Rapport- und Blockführer - entzogen. Sie waren der Zuständigkeitsbereich der SS-Ärzte und der Sanitätsdienstgrade.

"In jedem Lager bestand eine politische Abteilung, welche neben administrativen Aufgaben auch die Funktion einer Lagergestapo erfüllte." (Langbein)

APPELL

Einer der gefürchtetsten Augenblicke für die Gefangenen aller Lager war der Appell. Das war der Zeitpunkt für die Inspektion. Zweimal täglich mussten sich die Gefangenen auf der Lagerstraße zur Zählung aufstellen. Einmal vor der Arbeit und einmal am Abend.

Charlotte Müller, eine Überlebende des Konzentrationslagers Ravensbrück, beschreibt ihre Erfahrungen so: "Um fünf Uhr in der Frühe wurden wir durch Sirenengeheul geweckt... Sofort bildeten die Frauen lange Schlangen vor den vierzehn Wasch- und den zehn Fußbecken im Waschraum, während andere erst streng nach Vorschrift ihre Betten 'bauten'. Es entstand ein mächtiges Gedränge, denn in kürzester Zeit mussten sich alle dreihundert Bewohnerinnen des Blocks gewaschen haben... Dann gab es Frühstück, bestehend aus einer Scheibe Brot und einer dunklen Lorke, die sich Kaffee nannte.

Ertönte die 'Uhle' zum zweiten Mal, führten uns die Blockältesten auf die Lagerstraße. Jede von uns kannte ihren Platz. Wir mussten in Zehnerreihen stehen, damit die Aufseherin besser die Reihen zählen konnte. Auch die anderen Blocks nahmen ihre Plätze ein. Nun stand man in Reih und Glied.

Schließlich kam die diensthabende SS-Oberaufseherin aus der Schreibstube mit den Häftlingslisten. Zählte erst die eine Reihe herunter und dann die andere...

Morgens ging der Zählappell immer schnell vonstatten, da gleich darauf der Arbeitszählappell folgte und dann die einzelnen Gruppen geschlossen zur Arbeit gingen. Zeit war Geld für die SS-Betriebe.

Aber während des Zählappells am Abend mussten wir oft endlos lange stehen...

Schlimm war das Appellstehen im Winter. Langsam kroch uns der Frost in die erschöpften Glieder. Wir stampften mit den Füßen, um die Kälte aus dem Körper zu vertreiben, rieben uns gegenseitig den Rücken, aber alles half nichts - wir froren. Im Sommer wiederum glühte noch die Nachmittagssonne, da rührte man sich kaum, um nicht noch mehr zu schwitzen. Hinzu kam, dass wir in den letzten zwei Jahren im Sommer barfuß gehen mussten, damit die Lagerleitung an Klotzpantinen und Schuhwerk sparte. Besonders für die älteren Häftlinge war das eine Strapaze. Sie konnten auf den Schlackestraßen kaum gehen, die spitzen Steine drangen in die Fußsohlen ein. Einige Frauen banden sich Pappsohlen unter die Füße. Sobald das eine Aufseherin bemerkte, wurde sie von ihr geschlagen. Hatte es geregnet, so standen wir in den Pfützen. Unsere Klempnerkolonne holte sich aus der Gerätekammer eine Spitzhacke, und kurz vor dem Appell schlugen wir Löcher in die Schlackedecke, damit das Regenwasser versickern konnte. Wir befreiten auch unsern Standort im Winter vom Schnee. So halfen wir allen...

An der rechten Flanke jedes Blocks stand die Blockälteste. Wenn die Oberaufseherin herankam, rief sie ‘Achtung!’, und alle standen kerzengerade. Die Blockälteste meldete. Die Oberaufseherin notierte die Anzahl der Häftlinge und schritt langsam die Reihen ab. Plötzlich hatte sie etwas bemerkt und stürzte sich zwischen die Reihen, schlug eine Kameradin, weil diese nach ihrer Meinung gelacht oder gegrinst hatte, weil das Schürzenband aufgegangen oder das Kopftuch nicht vorschriftsmäßig gebunden war. Diese Kleinigkeiten schon konnten mit erheblichen Strafen belegt werden, das hing von der Willkür der Oberaufseherin ab...

Wenn beim Zählappell festgestellt wurde, dass ein Häftling fehlte, so ließ man uns ebenfalls stehen. Die Baracken und alle vermeintlichen Schlupfwinkel wurden durchsucht. Die SS und alle Hundeführerinnen kamen ins Lager und suchten, bis sie die Versteckte fanden. Unter Tritten und Schlägen, von Hunden gehetzt, wurde sie dann mitten durch unsre Reihen in den Bunker getrieben. Wir haben oft bis in die Nacht gestanden...

Einmal gelang es einer Zigeunerin, von einem Barackendach über den hohen Stacheldrahtzaun zu springen und zu entkommen. Wir standen Tag und Nacht. Am nächsten Abend brachte eine SS-Meute die Zigeunerin ins Lager, zerschlagen und blutig. Wenn sie hinstürzte, rissen die Hunde an ihr. Sie hielt sich ihren Bauch und schrie erbärmlich. Da bemerkten wir, dass ihre Gedärme heraushingen. Sie wurde in den Bunker gejagt. Dort starb sie in der Nacht...

Das stundenlange Appellstehen war für uns alle eine Tortur. Für Alte und Kranke aber konnte es tödlich sein. Es war verboten, die Schwachen zu stützen. So manche Kameradin sank vor unseren Augen um und erfror im klirrenden Frost, und erst wenn der Appell beendet war, durften wir ihren erstarrten Leichnam forttragen.”

DAS FRAUENKONZENTRATIONSLAGER RAVENSBRÜCK

Im Spätherbst des Jahres 1938 begannen Gefangene des Konzentrationslagers Sachsenhausen (Oranienburg) mit dem Bau des größten Frauenkonzentrationslagers Nazideutschlands in einer Wald- und Wiesenlandschaft am Schwedtsee, ca. 80 km nordöstlich von Berlin: in Ravensbrück.

Im Mai 1939 war das Lager schon bereit, die ersten Gefangenen aufzunehmen. An die 1.000 Frauen wurden vom Konzentrationslager Lichtenburg nach Ravensbrück überstellt, womit dieser Ort des Schreckens eröffnet wurde, bevor er fertig gebaut war. Mit dem Bau des lagerinternen "Arrestgebäudes" war zwar schon vor der Überstellung der ersten Gefangenen begonnen worden, beendet wurde er jedoch erst Ende 1939. Das Gefängnis diente der SS und der Gestapo als Instrument der Unterdrückung und des Schreckens, um die tapferen Gegner des faschistischen Regimes zu beseitigen. Die Gefangenen nannten es den "Bunker". Er war ein Ort der Folterung und grausiger Verbrechen.

Die Gefängnisstrafe war die schlimmste aller Strafen. In der Praxis war sie häufig eine Todesstrafe. Es genügten oft Kleinigkeiten wie schlechter Bettenbau (Strohlager!), Zurechtrücken der Kleidung, Schneiden der Haare, Schreiben von Versen etc. All dies war den SS-Aufsehern eine willkommene Gelegenheit, um ihre sadistischen Triebe zu befriedigen.

Den gefangenen Frauen wurde die ohnehin schon mangelhafte Nahrung reduziert, und manchmal sogar gänzlich entzogen.

Eine der schrecklichsten Strafen innerhalb des Bunkers waren die Stockhiebe aufs Gesäß. Das Opfer wurde mit zwei Riemen auf eine Folterbank gestreckt. Mit lauter Stimme musste es die Hiebe mitzählen. Natürlich konnte die große Mehrheit nur die ersten zählen. Wer jammerte oder schrie, erhielt noch einige Hiebe dazu. Der Stock war aus Binse mit eingelegtem Leder. Er war ca. 3 cm dick und 50 cm lang. Die meisten Opfer mussten bleibende Schäden hinnehmen. Viele starben infolge der Schläge.

SCHWESTER ANGELA IN RAVENSBRÜCK - NUMMER 4651

Schwester Angela traf im Konzentrationslager Ravensbrück am 31. August 1940 ein. Nach einem erniedrigenden Transport und dem schrecklichen Schock, der sich beim ersten Anblick der Hölle eines Konzentrationslagers einstellte, erwartete sie der demütigendste Augenblick der Aufnahme: die Beraubung der Kleider.

Es gibt seelische Schmerzen, die die körperlichen bei weitem übertreffen. Schwester Angela machte einen der schlimmsten Augenblicke ihrer Gefangenschaft durch. Wie Christus am Kreuz, so wurde auch sie beim schmachvollen Ritual der Aufnahme ins Konzentrationslager ihrer Kleider beraubt. Hierbei gab es keine Ausnahmen.

Wir können uns vorstellen, wie Schwester Angela gedemütigt wurde und niedergeschlagen war. Sie, die sich voll Freude und Liebe ihrem Herrn in Jungfräulichkeit weihte, sie musste sich frevelhaft entweiht fühlen. Sie überwand aber auch diesen harten Augenblick durch ihr Leben aus dem Glauben. Sie dachte zweifellos an ihren Herrn, der am Kreuz ebenso verspottet wurde. So nahm auch sie dieses Kreuz auf sich. Sie opferte ihr Leiden sicherlich für ihre Gemeinschaft auf, für ihre kranke Schwester Oberin, für alle ihre Lieben, für alle Menschen, geradeso wie sie es gewohnt war! Sie betete sicherlich zur seligen Jungfrau Maria um Hilfe. Vielleicht wandte sie sich mit jenem Gebet an sie, das sie in Innsbruck Frau Trenkwalder gelehrt hatte.

Gleich nach ihrer Ankunft schrieb sie der Schwester Oberin fünf einfache Zeilen auf eine der offiziellen Postkarten des Konzentrationslagers. In ihnen spiegelt sich Schwester Angelas Geistesgröße wider. Sie musste seelisch sehr angeschlagen gewesen sein nach einem so inhumanen Transport und der erniedrigenden und quälenden Aufnahme ins Konzentrationslager. Dennoch ließ ihre kurze Mitteilung nichts von all dem durchscheinen. Ihre Sorge blieb der Zustand der Schwestern und vor allem die Gesundheit ihrer geliebten Schwester Oberin.

Die Vernichtungsmaschinerie der Nazis wollte ihre Persönlichkeit auslöschen. Dieses Ansinnen sollte ihr aber nicht gelingen. Schwester Anela wusste, dass ihr ein langer Kreuzweg bevorstehen würde. Ihr Name zählte in dieser Hölle, die von Verrückten geleitet wurde, nichts mehr. Sie hatte eine Nummer erhalten, Nr. 4651, und den roten Winkel der politischen Gefangenen. Der Beistand des Geistes aber sollte ihr ohne Zweifel ihre starke Persönlichkeit erhalten. Rosa Jochmann, die einige Zeit Blockälteste war, schreibt heute noch über sie, dass sie "durch ihre ganze Art eine besondere Ausstrahlung hatte".

"VERFÜGBAR"

Alle, die Schwester Angela kennen gelernt hatten, betonten, dass sie ihnen stets zur Verfügung gestanden sei, wenn sie etwas brauchten. Aber das ist hier nicht gemeint. "Verfügbar" wurden jene Gefangenen genannt, die im Konzentrationslager ankamen und für eine gewisse Zeit einer Sonderleitung unterstellt wurden, bis ihnen ihre Baracke und ihre endgültige Arbeit zugewiesen wurde. In der Zwischenzeit lebten sie im Zugangsblock.

Schwester Angela verbrachte drei Wochen in diesem "Lagernoviziat". So schrieb sie am 12. Dezember 1943 im ersten Brief, den sie an der Zensur vorbeibrachte: "Außer den ersten drei Wochen im Anfange meiner Lehrzeit in Ravensbrück war ich Pflegerin im Krankenbau" *(Brief 84)*. Und eine Zigeunerin, die während des ganzen Aufenthalts in Ravensbrück Schwester Angelas Kameradin war, erklärt: "Zuerst arbeitete Maria wie wir draußen."

Antonia Bruha, Überlebende von Ravensbrück, beschreibt im Brief an Schwester Hermine vom 11. September 1989 den Zugangsblock und die Arbeit der Verfügbaren wie folgt:

"Nachdem man den Gefangenen ihre Uniformen und Schuhe gegeben hatte, gingen sie in Viererreihen zum Zugangsblock. Dieser war immer voll. Oft mussten sie zu dritt auf einer engen Holzpritsche schlafen, nur mit einer dünnen Decke zugedeckt. Die Blockkommandantin war im Allgemeinen eine Verbrecherin, die der SS zu Diensten stand. Das bescheidene und knappe Essen verteilte sie so, dass ihre Freundinnen und sie selbst immer mehr als genug hatten. Um 4 Uhr morgens heulte eine Sirene, nach deren Ton wir auf-

Häftlingsarbeit - Sklavenarbeit

standen und zum Appell eilten. Die Neuankömmlinge hatten keine Ahnung, was sie tun sollten. Die Ausländerinnen verstanden nicht, was die Blockälteste schrie, weswegen sie von ihr geschlagen und getreten und mit der Peitsche aus dem Block hinausgetrieben wurden. Nach zwei Stunden Aufstellung, oft bei Regen oder Schnee, wurden die Arbeitsgruppen gebildet. Die Neuen waren 'verfügbar', was bedeutete, dass sie zu den härtesten Arbeiten geschickt wurden: Gelände ebnen, Sand anhäufen, Schubkarren führen, Waldarbeit, Straßenwalzen ziehen, und all das unter der Aufsicht der Kommandanten, bewacht von wütenden Hunden und gestoßen von Gefangenen, die darauf abgerichtet waren.

Später kamen die Frauen vom Zugangsblock auf andere Blöcke, wo sie, je nach Bedarf, für andere Arbeiten verwendet wurden."

AUF BLOCK 8

Nach den 3 Wochen der Einführung in das Lager wurde Schwester Angela auf Block 8 versetzt.

Die erste Postkarte, die sie ihrer Schwester Oberin und der Gemeinschaft schreibt, lautet folgendermaßen:

"Meine genaue Anschrift: Maria Autsch
Nr. 4651 Block 8

Liebe Mutter und Johanna. Am Samstag gut hier angekommen. Es geht mir gut, und hoffe Gleiches von euch. Wie geht es unserer lieben Mutter gesundheitlich? Darf ich um etwas Geld bitten, ca 15,- zum Einkaufen einiger Kleinigkeiten? Bitte meinen Lieben Nachricht geben und herzliche Grüße an daheim und Sie.

Ihre Maria." *(Brief 38)*

Auf der Vorderseite der Karte steht aufgedruckt:

"Frauen-Konzentrationslager Ravensbrück.
Fürstenberg i. Meckl
Auszug aus der Lagerleitung:

Jeder Schutzhaftgefangene darf im Monat 1 Brief oder Karte absenden und empfangen. Die Briefe an die Schutzhaftgefangenen müssen gut lesbar mit Tinte geschrieben sein und dürfen nur 15 Zeilen auf einer Seite enthalten. Gestattet ist nur ein Briefbogen normaler Größe. Briefumschläge müssen ungefüttert sein. Jedem Schreiben darf nur eine Briefmarke beigelegt werden, weitere verfallen der Beschlagnahme zu Gunsten mittelloser Häftlinge. Postkarten haben 10 Zeilen. Lichtbilder dürfen als Postkarte nicht verwendet werden. Pakete jeglichen Inhalts dürfen nicht empfangen werden, Geldsendungen sind gestattet.
Geldeinlagen im Brief sind verboten. Zeitungen sind gestattet dürfen aber nur durch die Poststelle des Fr.K.L. Ravensbrück bestellt werden. Entlassungsgesuche aus der Schutzhaft an die Lagerleitung sind zwecklos. Die Zusendung von Bildern und Fotos ist verboten.
Der Lagerdirektor."

Auf der Rückseite steht:

"Unübersichtliche und schlecht lesbare Briefe können nicht zensiert werden und werden vernichtet."

FREI SEIN UND FREIHEIT SCHENKEN

“Sie wusste, dass ihr Schweres bevorstand. Innerlich war sie frei, sie half und tröstete, wo sie nur konnte”, bestätigt Frau Trenkwalder, Schwester Angelas Kameradin aus der Haft in Innsbruck.

Schwester Angela hat sich während ihres Ordenslebens das erlösende Charisma der Trinitarierinnenkongregation angeeignet, das der Heilige Geist in der Kirche hervorgerufen hat. Es geht von der Liebe zu Gott aus und bringt die Liebe seines Sohnes, des Heilands, stets neu zu allen Gefangenen, Armen, Kranken, Sündern und Ausgestoßenen.

Dieses Charisma hatte sie bereits in Mötz gelebt, wie viele, die sie kannten, bestätigen. Jetzt aber findet sie sich in einem riesigen Lager, wo - im wahrsten Sinne des Wortes - die schrecklichste Gefangenschaft herrschte, die man sich nur vorstellen kann. Durch ihre befreiende Liebe und ihre eigene innere Freiheit gelingt es ihr, das trinitarische Charisma in seiner Fülle zu leben, indem sie ihren Leidensgenossinnen Liebe, Hoffnung, Trost, Beistand, Lebenssinn und innere Freiheit schenkte.

Eine der Zeuginnen, die, wie wir bereits gehört haben, von Schwester Angela im Innsbrucker Polizei-Gefangenenhaus getröstet worden war, war auch in Ravensbrück mit ihr zusammen. Es handelte sich um Frau Haslwanter, die am 12. Oktober 1940 als politische Gefangene ins Konzentrationslager Ravensbrück kam und die Nr. 4856 erhielt. Beide wohnten auf Block 8 und schliefen gegenüber. Sie arbeiteten zwar nicht an der gleichen Stätte, standen aber täglich zusammen beim Appell, wo sie oft stundenlang reglos verharren mussten, bis alle Gefangenen gezählt waren.

Frau Haslwanter beschreibt Ravensbrück als “eine Hölle”. Sie spricht vom Hunger, den sie zu ertragen hatten, und von der sogenannten “Lagerkrankheit”: von Geschwüren mit Blutgerinnseln, die auf eine Mischung im Essen zurückzuführen waren, die die Menstruation verhindern sollte. Sie spricht weiters von der harten und unmenschlichen Arbeit, bei der sie trotz kärglicher Nahrung Ziegel und Steine schleppen, Bäume fällen, Maurerarbeiten verrichten und - Augen, Nase und Mund verhüllt - Leichen in eine Mulde schleppen mussten, die Silo genannt wurde. Dort fanden die Raubvögel reichlich Nahrung.

Aufgrund dieser harten Arbeiten hatten die Frauen völlig wunde und zittrige Hände. Am Abend mussten sie bei der Inspektion ihre Hände herzeigen, und die Aufsicht gab ihnen Jod darauf. So waren die Hände am darauf folgenden Tag wieder mehr oder weniger für die Arbeit geeignet.

Während dieser Zeit half Schwester Angela dem Arzt in der Krankenstation. Noch heute erinnert sich Frau Haslwanter daran, dass Schwester Angela den bedürftigsten Kranken heimlich Medikamente zukommen ließ.

Die Behandlung in einem Konzentrationslager war unmenschlich, bestialisch. Einmal hatte Frau Haslwanter Ohrenschmerzen. Sie ging zum Arzt, und dieser schlug sie auf das schmerzende Ohr, dass sie den Kopf nicht mehr bewegen konnte, ganz benommen war und Blut und Eiter herabliefen. Dann gab er ihr mit seinem spitzen Schuh noch einen Fußtritt ins Gesäß, wovon sie Hämorrhoiden bekam. Benommen, wie sie war, geriet sie auf die verbotene Seite der Lagerstraße, was ihr 25 Peitschenhiebe eintrug. Vier junge, starke Männer stießen sie auf einen "Bock". Nach jedem Hieb hieß es: "Umdrehen!" Mit den Händen versuchte sie, die Brust vor den Schlägen zu schützen, so waren schließlich die Hände ganz zerschlagen. Als Schwester Angela Frau Haslwanter auf der erlaubten Seite der Lagerstraße traf, gab sie ihr heimlich drei Tabletten, um ihre Schmerzen zu lindern.

Frau Haslwanter erinnert sich an sie als Sonnenstrahl in der Finsternis. Noch heute leidet sie unter diesen schrecklichen Erfahrungen, die sie durchgemacht hat, und im Schlaf überfallen sie immer noch Alptraum und Schrecken.

Zu ihrem Lob muss gesagt werden, dass sie, wie viele andere, das Böse nicht mit Bösem vergolten hat. Sie durfte mehrmals unter strenger Bewachung den Kleidertransport nach Buchenwald begleiten. Als einmal der Lastwagen eine Panne hatte und die beiden SS-Männer eingeklemmt waren, gelang es Frau Haslwanter noch rechtzeitig, sie zu befreien, bevor der Lastwagen explodierte. Als Belohnung erhielt sie in Buchenwald ein gutes Essen. Auch ihre Entlassung dürfte darauf zurückzuführen sein. Schwester Angela bat sie, ihre Schwestern in Mötz zu grüßen. So opferte Frau Haslwanter eines Tages ihr schwer verdientes Geld und fuhr im Jahre 1941 nach Mötz, um Schwester Angelas Wunsch zu erfüllen. Die Schwestern gaben sich jedoch kalt und reserviert, was andererseits auch zu verstehen ist, wenn man die Stimmung jener Zeit in Betracht zieht und bedenkt, dass es in Mötz viele Nazis gab.

BRIEF EINER PROTESTANTISCHEN DIAKONISSIN

Die Schwester Oberin, Michaela Roth, erhielt viele Briefe - einige anonym - von Personen, die mit Schwester Angela die Schrecken des Konzentrationslagers teilten. Die meisten schrieben nach ihrer Freilassung, und alle ohne Ausnahme drückten ihre hohe Achtung vor Schwester Angela und ihrem christlichen Einsatz für alle Gefangenen aus. Mitunter war es sogar ein Mitglied der SS.

Als Beispiel möge dieser Brief von Käthe Vierhaus, einer protestantischen Diakonissin, vom 10. September 1941 dienen:

"Sehr geehrte Schwester Oberin!

Ihr lieber Brief vom 4. d. M. hat mich erfreut und betrübt zugleich. Erfreut, weil es eine Antwort auf meinen Brief war, und betrübt, weil ich daraus erfuhr, dass unser liebes Zillerl noch nicht daheim war. Ihr wurde damals gesagt, dass sie mit einem Jahr 'Pensionszeit' rechnen müsste; aber es wird wohl nicht, wie es bei mir war, die ganze Zeit gerechnet, sondern der Aufenthalt in ihrer letzten 'Pension'. Immerhin würde sie wohl doch inzwischen heimgekehrt sein. Sie war ja dort in ihrer sonnigen und hilfsbereiten Art überall beliebt, hatte auch eine liebe Kameradin, mit der sie besonders viel zusammen war und sich gut verstand, überhaupt hatten Vorgesetzte und Mitschülerinnen sie sehr gerne und taten ihr nur Liebes an. Gela ist ja nun auch in der Arbeit. Aber jetzt hat sie einen Platz, der nicht so anstrengend für sie ist, wie es vorher der Fall war. Sie hat, wie Sie wohl aus meinem Briefe sahen, leider mit dem Herzen zu tun. Aber sie steht unter ständiger ärztlicher Überwachung, bekommt auch Medikamente, die schon eine gewisse Besserung und Erleichterung brachten. Bitte, erwähnen Sie ihr gegenüber aber nichts davon, dass ich Ihnen das berichtete, das würde ihr am Ende schaden, weil sie es doch nicht will, dass Sie davon wissen. Gela ist ja glücklich, dass sie täglich das Opfer bringen darf, froh ist sie auch, in der Arbeit genug Zeit zu haben, um ihre innere Sammlung im Gebet haben zu können.

Hoffentlich ist Schwester Maria nun nicht mehr allzu lange fort. Ich kann mir denken, wie sehr Sie sich um sie sorgen und wie die tägliche Ungewissheit zermürbend wirkt. Werden Sie nur nicht müde, immer wieder Eingaben zu machen; das ist wohl das beste Mittel, etwas zu erreichen. Dass Sie mit Ihrer Fürbitte tragen, ist ja selbstverständlich. Ich bin überzeugt, dass sie die Kraft Ihrer Gebete spürt und selbst daraus neue Kraft schöpft. Falls Sie ihr einmal einen Gruß von mir bestellen (bitte nur Vornamen nennen!), wäre ich Ihnen sehr dankbar.

Ich habe noch ein paar Wochen Urlaub, die ich, nach Beendigung meiner Kur hier, anderswo verlebe. Aber durch umstehend angegebene Anschrift bin ich jederzeit erreichbar.

Wie würde ich mich freuen, wenn bald eine gute Nachricht einträfe! Mit warmem 'Gott befohlen' und besten Grüßen bin ich

Ihre ergebene

Schwester Käthe"

DAS ZEUGNIS EINER ZIGEUNERIN

Nach den Juden waren es wohl die Zigeuner, die von den Nazis am stärksten verfolgt und bedrängt wurden. Die Vorurteile, unter denen diese Gruppe von Menschen immer schon zu leiden hatte, dienten als Entschuldigung für die Verfolgung. "Die Zigeuner sind faul und kriminell", so sagte man. In die Konzentrationslager wurden sie als "Asoziale" eingeliefert. Kurz nach der Konferenz von Wannsee (Berlin) am 20. Jänner 1942, wo die "Endlösung der Judenfrage" abgehandelt wurde, die Hitler angeordnet hatte, und die die völlige Vernichtung der Juden vorsah, beschloss man auch die Auslöschung aller "Roma" und "Sinti", der zwei Familien der Zigeuner. Schwester Angela, deren Liebe keine Grenzen kannte, half auch vielen Zigeunerinnen. Eine von ihnen, Maria Rosenberger, hat in einem Interview mit Herrn Paul Tigges im Juni 1990 über Schwester Angela Folgendes gesagt: "In der Zeitung wurde über den Seligsprechungsprozess von Maria Autsch berichtet. Ich habe sie sofort erkannt, als ich ihr Bild sah. Wir waren im KZ Ravensbrück zusammen. Ich wusste, dass Maria das KZ nicht überlebt hat. Aber wie es ihr später in Auschwitz ergangen ist, habe ich nicht gewusst. Ich habe Maria in bester Erinnerung. Wenn einer selig oder heilig gesprochen werden sollte, dann hat sie es verdient. Sie hat mir geholfen, wann immer sie konnte. Ich war damals zwanzig Jahre alt. Sie war doppelt so alt. Sie war wie eine Mutter zu mir.

Sie hat mir immer wieder Mut gemacht. 'Maria, halt die Ohren steif!' sagte sie zu mir. 'Lass dich nicht unterkriegen! Denk an was Schönes den Tag über, dann hältst du besser durch.' Wenn ich jammerte: 'Ich habe Hunger,' wie oft hat sie mir ein Stück Brot zugesteckt. Sie legte es an den Zaun oder versteckte es auf der Toilette. Es durfte keiner sehen. Es war verboten, jemand von seinem Essen etwas abzugeben... Und ehe man sich versah, war man bei der Aufseherin angezeigt, und es gab Schläge mit der Peitsche. Und manches Mal hat Maria Schläge eingesteckt. Einige Aufseherinnen haben sie auch bewusst schikaniert, weil sie eine Nonne war. Aber das hat ihr nichts ausgemacht. Sie hatte ein besonderes Lächeln, und wie gern hat sie mit uns gelacht. Wenn sie mir morgens beim Appell heimlich zuwinkte - sie stand im Nachbarblock - freute ich mich den ganzen Tag. Maria war wie ein Sonnenstrahl in der finsteren Hölle.

Ich fragte sie manchmal: 'Wovon lebst du denn, wenn du dein Brot immer weggibst?' Sie antwortete: 'Wenn ich Hunger habe, bete ich. Dann vergesse ich den Hunger.' Dabei sah sie mit ihren Bäckchen aus wie das blühende Leben, auch wenn sie hungerte. Wir bekamen täglich ein Stück Brot und mittags die dünne Steckrübensuppe. Da schwammen auch schon mal Würmer drauf. Aus der Mülltonne habe ich mir Kartoffelschalen geholt und gegessen. Wenn wir konnten, meldeten wir uns zum Ausladen von Steckrüben und Zuckerrübenschnitzel aus Lastkähnen. Das Lager lag am See, durch den die Havel führte. Bei der Arbeit aßen wir heimlich von den Rüben, auch wenn sie schmutzig waren. Aber wir durften uns nicht erwischen lassen. Sonst gab es Schläge. Nach einiger Zeit kam ein neuer Obersturmbannführer als Lagerkommandant. Er hieß Schneider. Der war an der Front gewesen. Unter ihm ging's mit dem Essen besser. Vier Frauen bekamen täglich ein Maisbrot von ca. 2 Pfund.

Der Grund für meine Einlieferung ins KZ war, dass ich zu den rassisch Verfolgten gehörte. Mein Vater war ein Sinti aus

Berleburg, meine Mutter eine normale Deutsche aus Altenhundem. Sie lebt heute noch, über 90 Jahre alt, in einem Altersheim in Fredeburg. Von den Nazis wurden die Kinder aus rassisch gemischten Ehen nach dem Vater gerechnet. Ich bin 1919 in Berleburg geboren und war das einzige Kind der Eltern. Ich bin katholisch getauft und in Berghausen bei Fredeburg aufgewachsen. Dort hat mein Vater über 50 Jahre in einem alten Haus am Schieferbergwerk gewohnt. In der Nazizeit stand er unter Polizeiaufsicht, er war nicht im KZ. Im Alter von zwanzig Jahren bin ich von zu Hause weggelaufen und kam schwanger zurück. Im April 1940 wurde ich zu Hause verhaftet und vom Polizisten abgeführt. Zuerst war ich 6 Wochen auf der Steinwache in Dortmund. Dann kam ich über Berlin nach Ravensbrück. Ca. 50.000 Frauen sind dort gewesen. Hinter dem See lag das Männerlager. Ich hatte die Häftlingsnummer 3733. Anderthalb Jahre war ich in Ravensbrück mit Maria zusammen, bis sie nach Auschwitz kam. Maria war in Block 10, ich im Nachbarblock 9. Der Block war eine große Baracke mit 250 Frauen. An den Seiten standen dreistöckige Betten, in der Mitte waren Tische und Bänke für Aufenthalt, Essen und Waschen.

Bei der Ankunft im KZ Ravensbrück bekam ich sofort einen Tritt von einem SS-Stiefel, dass ich auf die Erde flog. Das war die Begrüßung. Wir waren die Ersten, die das Lager aufbauten. Wir mussten im Steinbruch arbeiten, die Walze für die Straße ziehen und Kähne mit Ziegelsteinen entladen. Die Havel führt an Ravensbrück vorbei. Wir stellten Binsenmatten her, die an Gärtnereien verkauft wurden. Anderthalb Jahr war ich in der Nähstube. Da ging es mir besser. Vor allem hatte man dort nicht so viel Angst.

Doch blieben täglich die Schikanen durch die SS-Leute und die Aufseherinnen. Zuerst arbeitete Maria wie wir draußen. Nach einigen Wochen kam sie in die Krankenstube. Sie war dabei, als ich im Dezember 1940 mein Kind bekam. Als ich wieder zu mir kam, teilte sie mir auf einem Zettel mit - sie durfte nicht mit mir sprechen -, dass mein neugeborenes Kind in den Gasofen geworfen worden ist. Dafür sorgte der SS-Arzt. Über dem Lager lag dieser süßliche Geruch von verbrannten Menschen. Kinder liefen zwischen uns herum. Von Zeit zu Zeit wurden sie einfach in die Öfen geworfen.

Was hat man nicht alles erlebt! Ich darf gar nicht daran denken. Ein Dreck waren wir. Einmal musste ich auf den Strafbock und bekam 25 Hiebe. Ich habe heute noch Narben davon. Nach dem Auspeitschen kam ich für 21 Tage in den Bunker. Ich war mit zwei oder drei Frauen zusammen in dem finsteren Raum. Alle vier Tage gab es ein Stück Brot, einmal die Woche etwas Warmes.

Als die Lagerkommandantin Lange im Sommer 1943 mit zwei Polinnen ausgerissen ist - sie hatten sich SS-Uniformen besorgt und einen Dienstwagen benutzt -, mussten wir drei Tage ohne Essen und Trinken draußen stehen. Die drei sind nicht erwischt worden. Später hat man den Dienstwagen in Berlin am Alexanderplatz gefunden.

Besonders die Bibelforscherinnen wurden gequält oder sogar getötet. Eine zogen sie an den Haaren über den Appellplatz, bis sie ohnmächtig oder auch tot war. Eine andere, es war eine Polin mit sechs Kindern, das jüngste war neun, wurde aufgehängt. Mit ihr auch die sechs Kinder. Das mussten wir uns alles ansehen. Ich darf gar nicht daran denken, dann zittere ich. Ich leide unter Depressionen. Ich wollte mir schon mehrmals das Leben nehmen. Ich kann mir auch keine KZ-Filme ansehen.

Dass ich das überlebt habe, verdanke ich auch Maria Autsch. Sie hat mir immer wieder geholfen und Mut gemacht, besonders auch im Anfang, als ich das Kind unterwegs hatte. Wenn sie in der Nähe war, fühlte man sich wie neugeboren... Maria war eine Heilige in der Hölle des KZ's.

Maria trug den roten Winkel der politischen Häftlinge. Warum sie in Haft kam, hat sie mir nie erzählt. Über ihre Jugendzeit im Sauerland, darüber hat sie oft gesprochen.

Warum Maria 1942 nach Auschwitz kam, weiß ich nicht. Hin und wieder wurde ein Transport nach Auschwitz oder Theresienstadt zusammengestellt, vielleicht weil das Lager überfüllt war. Die Entscheidung traf der Obersturmbannführer und Lagerkommandant Schneider in Absprache mit Himmler. Auch die Aufseherinnen waren daran beteiligt. Der erste Transport nach Auschwitz ist bombardiert worden. Die waren alle tot.

1943 bin ich von Ravensbrück weggekommen. Maria war damals schon in Auschwitz. Ich kam in ein Nebenlager von Buchenwald. Ich hatte einen SS-Mann beleidigt und seine Uniform beschimpft. Da wollten sie mich aufhängen. Aber eine Aufseherin - es gab ja auch schon mal andere -, die hat mich nachts aus dem Bett geholt und bei einem Transport untergebracht, der nach Magdeburg sollte. Anderthalb Jahre war ich dort im Lager. Ich war mit einigen hundert Deutschen unter 30.000 Russinnen und Polinnen. Wir arbeiteten in einem Rüstungsbetrieb, der Geschosse herstellte. Die Russen haben uns befreit. Als ich aus dem KZ rauskam, war ich krank. Ich hatte Typhus. Ich wog noch 80 Pfund. Dreiviertel Jahr lag ich im Lazarett...

Was ich für Maria Autsch tun kann, will ich gern tun. Ich stehe in ihrer Schuld."

AUF BLOCK 1

Im August 1941 wurde Schwester Angela auf Block 1 überstellt, wo sie bis zum 25. März 1942 blieb. Auch in dieser Zeit kümmerte sie sich um die Kranken. Dort lernte Rosa Jochmann, die Blockälteste, sie kennen, eine sehr tapfere und selbstlose Frau, die aus dem sozialistischen Widerstand Österreichs kam.

Von diesem Block 1 schreibt Frau Jochmann: "Unser Block galt als sogenannter Musterblock, das bedeutete, dass trotz der Überbelastung der Block immer auf Glanz hergerichtet sein musste, darüber allein könnte man viele Seiten schreiben."

Der Blockwechsel rief bei Schwester Angela keine Änderung ihrer Grundhaltung hervor. Sie setzte sich weiterhin für ihre Kranken ein und half auch den übrigen Mitgefangenen, wo immer sie konnte.

EINE WUNDERSAME NONNE

Rosa Jochmann erinnert sich an Schwester Angela folgendermaßen:

"Ich kam 1939 nach Ravensbrück ins Konzentrationslager. Bald wurde ich - von der Lagerleitung beordert - Blockälteste des politischen Blocks Nr. 1. - Der Block war für 360 Häftlinge erbaut worden, bald aber waren wir mehr als 2.000 - und man kann sich als Außenstehender nicht vorstellen, wie sich das Leben abspielte...

Maria - so nannte ich die wundersame Nonne - kam eines Tages auf unseren Block 1, und sehr bald habe ich erkannt, dass sie eine wertvolle Bereicherung für unseren Block sein würde. - Damals hatte ich keine Ahnung, dass Maria Nonne war.

Sie - Maria - wurde die Beraterin und Helferin in jeder Situation. Sie ließ es sich nicht nehmen, jeden Tag die schweren Essenskübel zu holen; sah sie, dass es einer Frau, weil sie krank und schwach war (zu schwer fiel), die Klos zu reinigen, so nahm sie ihr den Eimer aus der Hand, lächelte ihr zu, und ehe man sich versah, war diese Arbeit getan. - Alle liebten sie; und ob nun Politische oder sogenannte Verbrecherinnen, Maria saß in der Freizeit stundenlang mit ihnen beisammen, hörte ihre Klagen über ihr Leben an, und ich sehe noch heute eine Prostituierte vor mir, die strahlend zu mir sagte: 'Siehst du, jetzt weiß ich es, ich kann auch in den Himmel kommen, weil Gott mir verzeihen wird.'

Es ist ein ungeschriebenes Gesetz, dass alle Häftlinge sich duzten, aber seltsamerweise - ohne Absprache - haben wir zu den Nonnen 'Sie' gesagt, natürlich auch zu Maria...

Als wir wieder einmal auf dem Appellplatz spazieren gingen, da ging mit uns ein junges, bildschönes Mädchen mit 18 Jahren. - Plötzlich stürzte sich eine Aufseherin mit einer Peitsche auf das junge Mädchen. Da griff Maria nach der Peitsche und sagte zur Aufseherin: 'Warum wollen Sie dieses Mädchen schlagen, es hatte doch nichts getan!' - Mir blieb das Herz stecken, denn ich war überzeugt, dass Maria nun in den Strafblock kommt, dass man sie schlagen wird und dann in den Strafblock verlegt, aber nein; dies alles geschah nicht. - Die Aufseherin sah Maria an, ließ die Knute sinken, drehte sich um und ging. - Mir erschien das damals als ein Wunder, aber später und auch heute dachte ich, dass Maria durch ihre ganze Art eine besondere Ausstrahlung hatte.

Leider konnte ich mich von Maria nicht verabschieden, denn ich kam in den Bunker - es war die Hölle -, und als ich wieder herauskam, war Maria bereits auf dem Weg nach Auschwitz.

Es vergehen wenige Tage, wo ich nicht an diesen Menschenfreund Maria denke, und diese Maria gekannt zu haben, ist ein Geschenk fürs Leben. -

In tiefer Verehrung und Dankbarkeit denke ich an Maria, die niemals klagte, für jeden Menschen Verständnis hatte, die dort in dieser furchtbaren, nicht wiederzugebenden Zeit zu unser aller Helferin und Trösterin wurde und die eingeschreint bleibt in unseren Herzen, denn auch jetzt, so lange Zeit später, gibt die Erinnerung an Maria Kraft in jeder Situation!"

DAS GLÜCK, "ARIERIN" ZU SEIN

Ich habe zwar einen Widerwillen, diese absurde und rassistische Bezeichnung zu verwenden, die noch dazu völlig unwissenschaftlich ist. Der Historiker muss aber die kalte und schlichte Wirklichkeit objektiv bedenken. Und es ist bekannt, dass der Rassismus einer der Hauptpunkte der Nazi-Ideologie war.

Es ist eine Tatsache, dass die Deutschen und Österreicher in den Konzentrationslagern bevorzugt wurden, indem man sie für die verschiedenen Arbeiten und Funktionen innerhalb des Lagers mit Vorliebe heranzog: Außer bei der Verwaltungsarbeit und der Verantwortung für die verschiedenen Teilbereiche wurden sie auch bei anderen leichteren Arbeiten eingesetzt, wie in der Küche, im Krankenbau, etc. Das bedeutete eine Befreiung von den harten Arbeiten außerhalb des Lagers. Das ist der Grund, warum die Zahl der Überlebenden aus diesen Ländern viel höher ist als bei den anderen.

Schwester Angela gehörte, ohne es zu wollen, zu diesen Bevorzugten, was sie zur Linderung der Leiden ihrer Kameradinnen sehr wohl zu nutzen wusste. Sie durfte ihr herrliches blondes Haar behalten, wurde nicht wie die anderen am linken Unterarm tätowiert und musste, mit Ausnahme der ersten drei Wochen, niemals außerhalb des Lagers arbeiten.

Dennoch erlaubte ihr edler Geist es nicht, sich für etwas Besseres zu halten als die anderen Gefangenen, die sie wie Töchter Gottes und ihre Schwestern behandelte. In ihrer Opferbereitschaft wollte sie so behandelt werden wie die anderen. Es gibt eine herrliche Episode, die ebenfalls Rosa Jochmann bezeugte, und die es uns erlaubt, diese Eigenschaft Schwester Angelas kennen zu lernen:

"Einmal steckte ich ihr beim Spaziergang ein Stück Brot in die Tasche, und ich sagte: 'Das müssen Sie essen, denn Gott will, dass wir überleben!' - Als ich Tage später wieder in die

Tasche griff, war das harte Brot in dieser Tasche, und Maria sagte entschuldigend: ‘Ich will nicht mehr haben als alle anderen!’ “

IM KRANKENBAU

In den Konzentrationslagern wurden die kranken Gefangenen ihrem Schicksal überlassen, wenn ihnen nicht sogar noch Schlimmeres zugefügt wurde. Denn es ist eine Tatsache, dass die SS-Ärzte regelmäßig kranke Gefangene für die Gaskammer auswählten. Ravensbrück war da keine Ausnahme. Lediglich die Ärztinnen und Krankenpflegerinnen aus den Reihen der Gefangenen linderten die Leiden ihrer Kameradinnen, wo sie nur konnten. Indem sie sich über alle Normen und Vorschriften des Lagers hinwegsetzten, riskierten sie ihr eigenes Leben, um jene Unglücklichen zu retten. Diesem Weg folgte auch Schwester Angela.

Als Schwester Hermine Gitter und Schwester Felice Waldbauer - Trinitarierinnen in Mödling - Frau Schwendter einen Besuch abstatteten, erinnerte sie sich sofort an Schwester Angela. Frau Schwendter war eine der Frauen, denen man die Fotografien der beiden erhängten Kriegsgefangenen gezeigt hatte. “Ei, die Angelika, die war ja so lieb, die hatten wir alle gern.” Sie beschrieb auch ihren humanitären und gefährlichen Einsatz im Krankenbau von Ravensbrück, wie sie ihre Stellung nützte, um an kranke Gefangene Medikamente zu verteilen.

Sie selbst schreibt in einem Brief aus Block 1, dass sie mehrere Ordensfrauen im Krankenbau hat: “Für alle ist es gut, dass sie Cillerl haben, sie kann ihnen doch etwas helfen.” *(Brief 50)*

IHR BRIEFWECHSEL. DIE KUNST, DIE ZENSUR ZU UMGEHEN

Glücklicherweise sind uns 67 Briefe erhalten, die Schwester Angela aus der Gefangenschaft geschrieben hat. Sie sind ein reicher Schatz, der ihre Geistesgröße erkennen lässt.

Wie in der Lagerordnung des Konzentrationslagers Ravensbrück festgelegt ist, dürfen die Gefangenen nur einen Brief oder eine Karte pro Monat schreiben. Die Briefe dürfen nicht mehr als 15 Zeilen enthalten und Karten nicht mehr als 10. Deshalb hat Schwester Angela, die sehr praktisch dachte, mit ihrer Familie über die Gemeinschaft in Mötz Kontakt aufgenommen. Jeden Monat schrieb sie pünktlich ihrer Schwester Oberin, und diese leitete die Nachrichten an alle anderen weiter, wenn nicht die Zensur dies verhinderte, wie es mehr als einmal geschah.

Im Jänner 1941 schrieb sie: "Haben meine Lieben Weihnachten geschrieben? Die dürfen mir auch schreiben, nur ich schreibe nicht, sondern durch Sie, liebes Mütterl, damit Sie alle Monat von mir Nachricht haben, sonst würde es immer acht Wochen dauern." *(Brief 42)*

Die Zensur der Nazis - die keine Mittel ausließen, um die Gefangenen zu demütigen - war außergewöhnlich streng. Manchmal beschlagnahmten sie Briefe, andere Male schnitten sie einige Zeilen heraus oder bekleckten sie mit Tinte, um sie unlesbar zu machen.

Schwester Angela war eine Künstlerin bei der Umgehung der Zensur, obwohl ihr manchmal ihre List auch nichts nützte. Da sie als Maria bekannt war, sprach sie von sich in dritter Person, indem sie die Verkleinerungsform ihres zweiten Vornamens verwendet, Cäcilia, oder auch den Ordensnamen Angela. Die Nachrichten, die sie von "Cillerl", "Gela" oder "Ria" übermittelte, bezogen sich auf ihre Person. Manchmal nützte sie den ganzen Brief, um über sich etwas mitzuteilen, indem sie mit all diesen Namen spielte. Die Onkel Alfons und Bernhard sind Trinitarierpatres. Mit ihrer List konnte sie mitteilen, dass sie im Lazarett Ordensschwestern pflegte, wie wir bereits gehört haben. Großmuttchen ist die Generaloberin. "Zwei Stunden in der frischen Luft" sind Gebetsübungen. "Wann wird Cillerl von ihrem besten Freund wohl mal wieder besucht?" bedeutet: Wann wird Schwester Angela wieder die Kommunion empfangen können? "Die Gela geht um 6 ungefähr allein zur Mutter..." bezieht sich auf ihre Beziehung zur seligen Jungfrau Maria. Der "Onkel vom Bruck" ist der Gestapo-Chef von Innsbruck. Hitler nennt sie ebenfalls Onkel: "Der Onkel wird sich, wenn seine Lage sich verschlimmert, schon noch besinnen." Sie bezieht sich hier auf die Kriegssituation und die erfolglosen Bemühungen um ihre Befreiung.

STARK IM UNGLÜCK

Schwester Angela besaß die Gabe der christlichen Stärke, die Kraft des Geistes, sodass sie trotz allen Unglücks unversehrt blieb.

In all ihren Briefen zeigt sie sich stark und fröhlich. Ihre Hauptsorge ist nicht sie selbst, sondern ihre Gemeinschaft, ihre Familie, ihre Freunde und vor allem ihr betagter Vater.

Es gibt viele Beispiele in ihren Briefen, die man herausgreifen könnte und die ihre christliche Stärke inmitten der Feuerprobe beweisen. Die folgenden Zitate zeigen, dass sie auch ihren Humor nicht verloren hat:

"Und das Cillerl hat sich drei Zähne ziehen lassen, setzt sich an die Heizung und spült mit Kamille. Nachts eine Wärmeflasche, ja, ja, das ist nett, so wie ein altes Matrönchen." *(Brief 42)*

“Dass Angela ihren Kropf verloren, ist wohl den Bädern zuzuschreiben.” *(Brief 43)*

“Fein, dass die Gela in der Freizeit die Sonne ausnutzt, da wird sie braun werden, und fürs Rheuma ist’s sehr gut.” *(Brief 47)*

Schwester Angela betrachtete ihren Aufenthalt im Konzentrationslager als “Lehrzeit” und beruhigte die Ihren, indem sie ihnen ihre Geistesstärke versicherte:

“Cillerl... ist ja immer, wenn es ihr im Leben mal schwer wurde, mit allem und sich selbst fertig geworden. Sie weiß, dass sie lernen und einst einmal die Prüfung ablegen muss. Sie geht ja täglich die zwei Stunden in die frische Luft, wie ich es auch früher immer machte.” *(Brief 44)*

Mit der frischen Luft ist, wie oben bereits erwähnt, Gebet gemeint. Sie denkt sogar an die kleinsten Kleinigkeiten:

“Waren die Dickebohnen im Herbst etwas geworden? Dachte oft daran.

Lasst die Schwälbchen wieder einziehen, die waren so lieb.” *(Brief 46)*

“Bei euch wird es im Gärtchen bald wieder öde werden; habe oft an die schönen Nelken gedacht. Herbst, aber im Herzen Frühling.” *(Brief 50)*

UNERFÜLLTE SEHNSÜCHTE

Die Freiheit ist eine der größten Gaben, die der Mensch von Gott erhalten hat. Schwester Angela sehnte sich nach der Freiheit. Sie sehnte sich nach ihren Lieben und vor allem nach dem Gemeinschaftsleben. Wie oft tut sie dies in ihrer verschlüsselten Sprache kund! Immer ist sie mit den Gedanken bei der Gemeinschaft in Mötz. Von der Gefangenschaft aus folgt sie mit wahrem Interesse dem Gang der Gemeinschaft, dem Gesundheitszustand der Schwester Oberin, und sie erinnert sich an die kleinsten Kleinigkeiten, die sie in ihren Gedanken nochmals erlebt.

"Wünsche, dass ihr recht frohe, gesunde Festtage verlebt habt und wir die nächsten wieder zusammen feiern dürfen... Wann kommt das Cillerl euch denn mal wieder besuchen? Es war doch schon lange nicht dort?" *(Brief 42)*

"Meine Gedanken sind ja Tag und Nacht bei allen meinen Lieben." *(Brief 44)*

"In acht Tagen ist Ostern. Möchte ja gerne in eurer Mitte weilen, aber leider ist's anders beschieden." *(Brief 45)*

"WIR STEHEN ALLE IN GOTTES HAND"

Viele Gefangene, deren Sehnsüchte ebenso unerfüllt geblieben waren, lebten völlig niedergeschlagen und moralisch abgesackt. Und nicht selten war eine solche seelische Situation der erste Schritt zu einem raschen Tod. Dies bezeugen uns viele Überlebende. Viktor E. Frankl hat dieses Phänomen analysiert: "Wer an eine Zukunft, wer an seine Zukunft nicht mehr zu glauben vermag, ist hingegen im Lager verloren. Mit der Zukunft verliert er den geistigen Halt, lässt sich innerlich fallen und verfällt sowohl körperlich als auch seelisch."

Auch die Glaubenden waren von diesen Augenblicken der Niedergeschlagenheit und der Hoffnungslosigkeit nicht befreit, wie der eifrige Priester Leonhard Steinwender, Überlebender von Buchenwald, treffend beschreibt, wenn er über die Pastoral und das christliche Leben eines Konzentrationslagers berichtet, was heimlich geschah, und von den Wundern der Gnade und der Kraft des Geistes Zeugnis gibt: "Wer könnte es leugnen, dass solche Zeiten der bittersten Enttäuschung, besonders wenn Vernichtung und Peinigung mit erneuter Wut einsetzten, die härtesten Proben auch an die Glaubenskraft und an das Vertrauen auf ein göttliches Walten im Menschengeschehen stellten."

Schwester Angela, die sicherlich auch ihre Tiefpunkte erlebt hat, unterlag der Niedergeschlagenheit und Enttäuschung nicht, die von der Verurteilung herrührten, in dieser schrecklichen Hölle leben zu müssen, in der sie nicht nur ihr persönliches Kreuz tragen, sondern auch so viele Ausschreitungen und Verbrechen miterleben musste. Woher nahm sie die Kraft, die sie unversehrt erhielt? Sicherlich aus dem Glauben. Schwester Angela "lebte vollständig aus dem Glauben". Sie glaubte "gegen alle Hoffnung" an Gott Vater, der die Liebe ist. Durch den Glauben nahm sie ihr Kreuz auf sich gemeinsam mit Christus, und sie war offen für den Geist, der ihre Kraft und ihre Liebe ständig nährte.

"Hoffe ein recht baldiges Wiedersehen; aber wenn er meint, dass es recht ist, so muss es uns genügen". *(Brief 46)*

"Wir stehen alle in Gottes Hand" *(Brief 48)*

"Großtantchen ist augenblicklich auch nicht gut, und ist froh, dass Cillerl bei ihr ist. Somit ist es gut, dass Cillerl nicht zu Hause ist: Das Tantchen würde sich einsam fühlen." *(Brief 52)*

"Die achte Station hat so eine schöne Bitte: Küssen wir die Hand des Herrn, der in allem seine Liebe zeigt." *(Brief 54)*

Am 1. Juni 1936 schrieb sie vom Kloster Gnadenwald aus ihrem Bruder Franz: “Geht es uns gut, so vergessen wir auf den lieben Heiland, erst im Leid lernen wir ihn kennen.” Wie sehr hat sich Schwester Angela wohl mit dem Kreuz Christi vereint! Wie wird sie in der Einsamkeit des Herzens den Kreuzweg des Herrn gegangen sein! Wie er wird sie gebetet haben: “Mein Vater, wenn es möglich ist, gehe dieser Kelch an mir vorüber. Aber nicht wie ich will, sondern wie du willst.” (Mt 26,39).

5

AUSCHWITZ

DAS “LAGER DES TODES”

Die folgende Beschreibung stammt weder von einem Forscher noch von einem überlebenden Opfer, sondern von Pery Broad, einem Funktionär der politischen Abteilung des Konzentrationslagers Auschwitz. Nach dem Krieg wurde er von den Engländern festgenommen. Diesen übergab er ein von ihm verfasstes Dokument über die Verbrechen der SS.

“Das Konzentrationslager Auschwitz, das in Polen als das ‘Lager des Todes’ bekannt ist, lag in der Nähe der gleichnamigen Stadt in dem sumpfigen Gelände zwischen der Weichsel und einem Nebenfluss, der Sola. Es ist im Jahre 1940 entstanden. Alte Kaiserbauten und ehemalige Fabrikgebäude dienten als Ausgangspunkt zu den später sehr umfangreichen baulichen Anlagen... Den Einblick in das Schutzhaftlager versperr-

Zynische Parole bei der Einfahrt ins KZ Auschwitz

te eine lange Betonmauer, die von den Postentürmen und den Giebeln der trostlosen Backsteinbauten überragt wurde. Die 28 zweistöckigen Blöcke des Lagers dienten zum größten Teil als Häftlingsunterkünfte. Einige waren für Kranke, für die Schreibstube, für die Effektenkammer und andere Zwecke bestimmt. Außerdem lag die Häftlingsküche im Lager. Die Sicherung bestand aus zwei übermannshohen Stacheldrahtzäunen, die elektrisch geladen waren und durch eine Kette von Lampen hell erleuchtet wurden. Außerdem befanden sich auf den Türmen große Scheinwerfer, mit denen das Lager abgeleuchtet werden konnte. Hinter dem inneren Drahtzaun zog sich ein drei Meter breiter Kiesstreifen entlang, die sogenannte neutrale Zone, bei deren Betreten bereits geschossen wurde. Im Stammlager wurden 20.000 bis 25.000 Menschen gefangen gehalten.

Fünf bis sechs Kilometer vom Stammlager entfernt entstand 1941/42 das berüchtigte Nebenlager Birkenau, in dem sich später 30.000 weibliche und 50.000 bis 60.000 männliche Insassen befanden... Hunderte von fensterlosen Pferdestallbaracken und primitive Steinhäuser waren die Häftlingsunterkünfte. Drei Bauabschnitte bildeten das Lager. Der zuerst fertiggestellte Bauabschnitt 1 stellte das Frauenlager dar. Der Bauabschnitt 2 war in 6 Lager unterteilt, die für verschiedene Zwecke verwandt wurden. Ein Lager dieses Abschnitts war beispielsweise Krankensammellager, ein anderes das Zigeunerlager und ein Zugangsquarantänelager. Der Bauabschnitt 3 war noch im Bau, als am 17. Jänner 1945 Auschwitz und Birkenau in überstürzter Flucht geräumt wurden. Die bereits fertigen Baracken dienten teilweise als Weberei und waren zeitweilig auch mit Häftlingen belegt. Die Verhältnisse in Birkenau waren noch bei weitem unerträglicher als es schon in Auschwitz der Fall war. Mit jedem Schritt sank man tief dem zähen Morast ein. Es gab so gut wie kein Waschwasser. Die Häftlinge schliefen auf Holzpritschen in drei Etagen, je sechs auf einer Pritsche und zum großen Teil ohne Strohsäcke... Die

Wachtürme, die das Stammlager und das Lager Birkenau umgaben, bildeten die sogenannte 'kleine Postenkette'. Tagsüber wurde sie eingezogen, dafür stand in einem gewaltigen Umkreis die 'große Postenkette', in deren Bereich der größte Teil Häftlinge von Capos und Vorarbeitern beaufsichtigt in Fabrikbetrieben und auf Feldern arbeiten musste... Die außerhalb der großen Postenkette arbeitenden Außenkommandos wurden von einer der Häftlingszahl entsprechenden Anzahl von Posten geleitet... Die barbarischen hygienischen Missstände und die völlig unzureichende Verpflegung bewirkten neben der schweren Arbeit und sonstigen Quälereien, dass die meisten Menschen wenige Wochen oder wenigstens Monate nach ihrer Einlieferung ein elendes Ende fanden. Selbst Frauen mussten, mit Russenkitteln oder Fetzen bekleidet, die schwersten Arbeiten wie Steinetragen und Ausschachtungen ausführen. Nur Häftlinge, denen es gelang, eine Funktionsstellung oder Beschäftigung in einem der wenigen besseren Kommandos zu finden, konnten sich längere Zeit am Leben halten. Auschwitz war ein Vernichtungslager! Das größte, das jemals in der Weltgeschichte existierte. 2 bis 3 Millionen Juden wurden im Laufe der Zeit dort ermordet! Außerdem Tausende von Polen, Russen, Tschechen, Jugoslawen usw.

Schon der Anblick der enggespannten Stacheldrahtsicherung mit den Schildern 'Achtung! Lebensgefahr!', der Turmposten mit ihren Maschinengewehren und Maschinenpistolen und der leblosen kahlen Blocksteinhäuser versetzten jeden Neuankömmling in den hoffnungslosen Gemützustand, dass er aus diesem Lager wohl niemals mehr in die Freiheit zurückkehren werde. Menschen, deren Vitalität diesem lähmenden Eindruck nicht gewachsen war, suchten schon nach wenigen Tagen freiwillig den Tod..."

H. Langbein, Überlebender von Auschwitz, war zuvor in Dachau interniert. Heute ist er Generalsekretär des Internationalen Auschwitz-Komitees. Er schreibt: "Es ist keine Redensart, wenn man sagt, dass in Auschwitz hinter jedem Häftling täglich der Tod stand. Und das gilt auch für jene, die in 'guten Kommandos' waren, also nicht unter Hunger litten und keine schwere physische Arbeit verrichten mussten. Die ständig wütenden Seuchen dezimierten auch sie. Als Beispiel dafür: Mit 16 Kameraden wurde ich im August 1942 von Dachau nach Auschwitz überstellt, wo wir alle sofort als Pflegepersonal in den Häftlingskrankenbauten verwendet wurden. Wir hatten also für Lagerverhältnisse überdurchschnittlich gute Lebensbedingungen und im Krankheitsfall bevorzugte Behandlungsmöglichkeiten. Noch im gleichen Jahr sind wir nahezu alle an Fleckfieber, Typhus oder an einer anderen Seuche erkrankt. Sechs von uns sind in den ersten drei Monaten gestorben. Aber nicht nur auf diese Art lauerte der Tod. Öfters wurden beim Frühappell Häftlingsnummern aufgerufen. Die Betroffenen rückten nicht mit ihrem Kommando aus, sondern wurden in den Bunker gebracht und an der Schwarzen Wand erschossen... Und schließlich drohte jenen, die nicht durch ein gutes Kommando körperlich geschützt waren, täglich der Tod, weil jederzeit Selektionen möglich waren, bei denen Körperschwache, die sich nicht mehr für die Arbeit zu eignen schienen, in die Gaskammern geschickt wurden."

Die außerordentliche Sowjetische Kommission für die Aufklärung der Nazi-Verbrechen, der Nationale Oberste Gerichtshof Polens und das Internationale Militärgericht in Nürnberg schätzen, dass ungefähr 4 Millionen Gefangene in Auschwitz den Tod fanden. Wenn man bedenkt, dass die ersten nach Auschwitz verschleppten Gefangenen am 14. Juni 1940 ankamen, und das Lager am 27. Jänner 1945 durch russische Truppen befreit wurde, so kommen wir zu dem schaurigen Schluss, dass im Konzentrationslager Auschwitz täglich ca. 2.376 Personen starben.

DIE ANKUNFT IM KONZENTRATIONSLAGER AUSCHWITZ

“Die Entladung von Eisenbahntransporten mit Häftlingen erfolgte auf der Lagerrampe, die sich in der Nähe des Wohnblocks des KZ Auschwitz I befand. 1942 wurde eine zweite Rampe, die sogenannte ‘Judenrampe’ in Betrieb genommen, für Transporte mit zur Vernichtung bestimmten Juden.... Ab Mai 1944 wurden Eisenbahntransporte auf einer besonderen Rampe entladen, die sich innerhalb der Umzäunung des KZ Birkenau... befand.

Häftlinge wurden auch... mit Lastkraftwagen angeliefert, die gewöhnlich am Lagertor hielten. Dort wurden die Häftlinge entladen und der SS übergeben. Transporte trafen zu verschiedenen Tageszeiten ein, oft auch nachts, und dann steigerten die Lichter der Scheinwerfer, Schläge mit Gewehrkolben, Geschrei und Flüche der SS-Männer und das Bellen von auf die Häftlinge gehetzten Hunden den schrecklichen Eindruck des ersten Kontaktes mit der Lagerwirklichkeit.”

H. Langbein beschreibt seine Eindrücke so: “Jeder, der in das Milieu eines nationalsozialistischen Konzentrationslagers versetzt wurde, erlitt einen Schock, den die Lagerführung bewusst verstärkte, indem sie die Zugänge brutal behandelte. Der Schock, den die Konfrontation mit einem Vernichtungslager auslöste, war noch nachhaltiger.

Wenngleich ich bereits in Dachau das System der SS kennen gelernt hatte, obwohl ich mit guten Freunden zusammen nach Auschwitz kam, dort Gesinnungsgenossen traf, die mich mit den Besonderheiten eines Vernichtungslagers vertraut machten, so erschütterte mich trotzdem die erste Begegnung mit dem Vernichtungsapparat stark. In Dachau hatte ich Hoffnung, das Lager zu überstehen. In Auschwitz habe ich diese Hoffnung schnell verloren. Als Schreiber in den Krankenbauten da und dort erhielt ich eindrucksvollen Anschauungsunterricht: In Dachau sprachen wir von einem schlechten Tag, wenn zehn oder mehr Tote zu melden waren. In Auschwitz schrieben wir an sieben Schreibmaschinen in Tag- und Nachtschicht nur Totenmeldungen.

Der Schock war bei denen unvergleichlich stärker, die nicht von einem anderen KZ, sondern aus der Freiheit nach Auschwitz gebracht wurden; die allein, ohne Freunde, mit allem fertig werden mussten; die nicht privilegiert waren wie wir Deutsche oder Österreicher; die bei der Einlieferung an der Rampe brutal von ihrer Familie getrennt wurden, deren Schicksal sie bald erfahren mussten.

Dazu kommt, dass Lagererfahrene kaum jemandem helfen konnten, der unter der Schockeinwirkung litt. Und das nicht nur deswegen, weil man in Auschwitz wenig Gedanken für Dinge frei hatte, die einen nicht unmittelbar betrafen; ein Heer von Spitzeln machte es riskant, mit jemandem, den man nicht gut kannte und der noch über keine Lagererfahrung verfügte, offen zu sprechen. Eine unbedachte Äußerung oder Reaktion konnte nicht nur den Neuling, sondern auch den Informanten in Lebensgefahr bringen. Offiziell durfte ein Häftling nichts von dem Apparat der Massenvernichtung wissen, darüber zu reden war tabu. Gerade dann, wenn ein ratloser Zugang Hilfe am nötigsten gehabt hätte, blieb er schrecklich isoliert."

SCHWESTER ANGELA IN AUSCHWITZ - NUMMER 512

Nach Dr. Margita Schwalbovás Aussage kam Schwester Angela am 26. März 1942, an ihrem Geburtstag, im Konzentrations- und Vernichtungslager Auschwitz an. Es war dies der erste Frauentransport nach Auschwitz, bestehend aus 999 Gefangenen von Ravensbrück. Im Hauptlager wurden die Blöcke 1 bis 10 durch eine Mauer vom Rest des Lagers getrennt, wodurch das Frauenlager gebildet wurde. Am 16. August 1942 wurden die Frauen nach Birkenau überstellt.

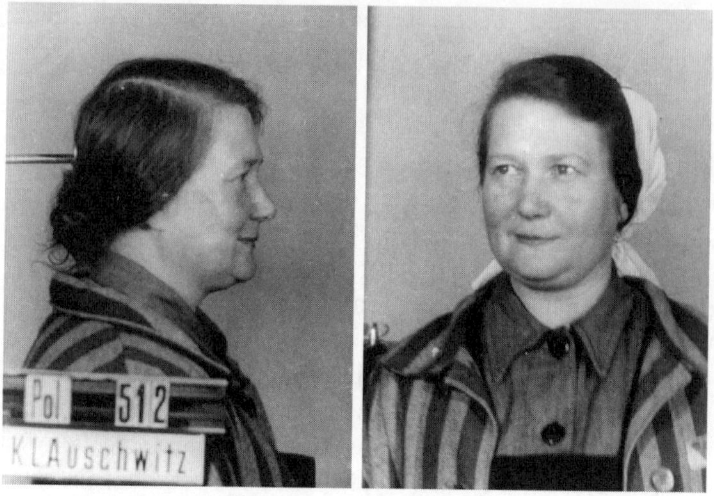

Schwester Angela: KZ Häftling in Auschwitz

Wir können uns die Schrecken dieser neuerlichen Überstellung gut vorstellen: die schreckliche Erfahrung beim Betreten dieser Hölle des Grauens, die neuerliche Demütigung der Blöße...

Trotz allem zeigte Schwester Angela sich in ihrem ersten Brief stark und Herrin der Lage: "Kann mir denken, dass es für euch alle eine Enttäuschung war, dass Cillerl nicht zur bestimmten Zeit dort eintraf. Aber gut ist's, dass sie selbst davon nicht unangenehm berührt ist. Sie hat ja eine sehr interessante Reise gemacht, und würde es ihr leid getan haben, sich nicht zu beteiligen. Wenn ich mal heim bin, muss sie mir alles erzählen... Freut euch des Sommers und des Sonnenscheins wie ich." *(Brief 58)*

Was war das Interessante, das Schwester Angela ihren Schwestern hätte erzählen müssen? Leider können wir das nicht mehr erfahren. Wie viele Erfahrungen und vertrauliche Mitteilungen hat die eiserne Nazi-Zensur wohl für immer fortgetragen!

Schwester Angela erhielt in Auschwitz einen neuen "Namen": Nr. 512.

WIE EINE MUTTER IM VORZIMMER ZUM KREMATORIUM

Nach den Tagen der Quarantäne, die für alle Neuankömmlinge in Auschwitz vorgeschrieben war, wurde Schwester Angela dem Krankenbau zugeteilt. Frau Dr. Margita Schwalbová schreibt in ihrem Brief an Herrn Heimes, Schwester Angelas Schwager, am 7. Juni 1947: "Sie hatte die Aufsicht über die Verpflegung der kranken Häftlinge und ihre Bekleidung." Schwester Angela selbst bestätigt dies in ihrem zweiten Brief: "Cillerl ist ja wie immer bei den Kranken und kann dort mehr helfen wie vorher. Für viele ist sie eine Mutter." *(Brief 59)*

Das, was sie hier sehen muss, ist trostlos. Mehrere Baracken sind von Kranken überfüllt, die nackt auf Strohsäcken in dreistöckigen Holzpritschen liegen, was den Auf- und Abstieg derselben stark erschwert. Oft müssen zwei oder mehr Kranke dasselbe Bett teilen, wobei sie nur mit schmutzigen und verlausten Decken zugedeckt waren.

Die meisten der Kranken leiden an Hungerdurchfall. Krätze, Typhus und Flecktyphus, sowie viele andere Krankheiten bemächtigen sich der wehrlosen Frauen. In den Sälen und Baracken herrscht ein unbeschreiblicher Gestank aufgrund des Kots und des Eiters, der sich aus den Wunden absondert und die Strohsäcke durchtränkt.

Die Stimmung ist wirklich trübselig, vor allem durch das Stöhnen Sterbender und im Fieber Phantasierender. Einige rufen nach Trinkwasser und um Hilfe.

Die Ärztinnen und Krankenschwestern aus den Reihen der Gefangenen sind machtlos, so vielen von den sogenannten SS-Ärzten ihrem Schicksal überlassenen Kranken zu helfen, vor allem weil es an Medikamenten mangelt.

Und als ob das noch zu wenig wäre, so arbeitet die Nazi-Vernichtungsmaschinerie unaufhörlich, indem sie das Leben dieser unglückseligen Frauen durch Phenol-Injektionen und in den Gaskammern auslöscht. Andere ereilt ein - wenn das überhaupt möglich ist - noch schlimmeres Schicksal, indem sie pseudomedizinischen Experimenten unterworfen werden, die mit dem Tod oder der dauernden Invalidität enden. Es ist nicht verwunderlich, dass der Häftlingskrankenbau im Lagerjargon "Vorzimmer zum Krematorium" beziehungsweise "Wartesaal zur Gaskammer" genannt wird.

Frau Schwendter, die wir bereits als Schwester Angelas Kameradin in Innsbruck und Ravensbrück kennen, bestätigt, dass Schwester Angela sich in Auschwitz um das Essen und die Kleidung der kranken Gefangenen gekümmert hat. Auch sie betont deren menschlichen Einsatz und erinnert sich an die Zusammenarbeit zwischen Schwester Angela und Frau Dr. Margita Schwalbová zu Gunsten der gefangenen Frauen.

FRAU DR. MARGITA SCHWALBOVA

Am 26. März 1942 begannen die ersten Deportationen von Juden aus der Slowakei nach Auschwitz. Eine der Deportierten jener Tage war Frau Dr. Margita Schwalbová, die zwei Tage nach Schwester Angela, am 28. März 1942, in Auschwitz ankam. Sie stammt aus Bratislava, wo sie heute im Alter von 76 Jahren zurückgezogen lebt. Sie war Kinderärztin und dozierte auch an der Universität. Im Oktober 1987 hatte ich das Glück, diese einzigartige Frau persönlich kennen zu lernen. Sie war eine mutige Kämpferin gegen den Faschismus, sie liebte den Frieden, die Wahrheit und die Gerechtigkeit, und tat Gutes an so vielen gefangenen Kameradinnen in Auschwitz. Obwohl Atheistin und Kommunistin, gab sie über Schwester Angela im zweiten Kapitel ihres Buches "Erloschene Augen" ein wertvolles Zeugnis. Noch heute denkt sie voll Liebe und Zärtlichkeit an ihre Freundin und Leidensgefährtin Schwester Angela.

Alle am 26. März 1942 aus der Slowakei deportierten Juden wurden in Baracken untergebracht, da bis zum 4. Mai 1942 die Gaskammern in Auschwitz noch nicht funktionstüchtig waren. Mit diesem Tag begann das Massaker von mehr als zwei Millionen Juden, zuerst in Auschwitz, dann auch im Nebenlager Birkenau, wo im Jahre 1942 und Anfang des Jahres 1943 vier Gaskammern mit den dazugehörigen Krematorien für die Massenvernichtung gebaut wurden. Aus jeder Deportation wurden einige Juden "ausgewählt", denen im Augenblick das Leben geschenkt wurde, um sie zur Zwangsarbeit zu führen. Einige wurden in die Baracken von Birkenau überstellt, andere in die Fabriken der Umgebung, wie jene für synthetisches Öl und Kautschuk, die später in Monowitz erbaut wurde *(Auschwitz III)*.

ERSTE BEGEGNUNG MIT ANGELA

Frau Dr. Margita beschreibt ihre erste Begegnung mit Schwester Angela wie folgt:

"Ein Märzmorgen. Am Himmel glitzern noch die Sterne, und Dunkelheit bedeckt die Welt. 'Appell! Appell!' Wir begreifen die Bedeutung dieses Wortes noch nicht. Wir stehen in Fünferreihen, die Köpfe kahlgeschoren, ohne Kopftücher, in alten russischen Uniformen, ohne Strümpfe. Ich stehe in der ersten Reihe. Das ist ein Nachteil, weil mir der Wind ständig meine Militärbluse und mein Hemd öffnet, auf denen kein einziger Knopf ist. Zum Glück fand ich gestern ein Stückchen Spagat, mit dem ich meine Militärhose zusammenziehen konnte. Es wird langsam Tag. Silbern klingt der Morgen, die Luft scheint rosarot. Neben mir fiel jemand in Ohnmacht, sein Kopf prallte auf eine gefrorene Pfütze. 'Liegen lassen!' schreit die Rapportführerin. 'Ich lasse euch stehen bis ihr schwarz werdet,

Mistbienen, elende!' 'So begrüßt mich also das Konzentrationslager', denke ich im Geist und versuche dabei meine erstarrten Beine zu bewegen.

Ein Raunen geht durch die Reihen, eine Art Aufregung. Vor uns steht die Oberaufseherin, eine dickliche, ältere SS-Frau. Wenn ich sie im Zivilleben auf der Straße träfe, würde ich sie für eine durchschnittliche Frau aus dem Mittelstand halten, eine fürsorgliche Mutter einiger Kinder. Es ist still, die Oberaufseherin spricht: 'Jede Ärztin, Medizinstudentin, Pflegerin melde sich sofort!' Ich bin die Einzige. Ich trete vor. 'Nach dem Appell gleich aufs Revier!' Die Blockälteste führt mich hin, ich erfahre, dass 'Revier' den Häftlingskrankenbau bezeichnet. Nachdem mich der SS-Arzt einer Fachprüfung unterzogen hatte, wurde ich aufgenommen. Die alten Häftlinge scharen sich um mich. Es sind drei deutsche Kommunistinnen, eine ist neun Jahre in Haft, die zweite sieben, die dritte sechs. Sie fragen nach politischen Neuigkeiten, wie die Front verläuft, wie die illegale Widerstandsbewegung arbeitet, wie die Verhältnisse in der CSR sind usw., usw. Zum Schluss kommt eine kleine, zarte Frau mit rosigen Wangen, großen blauen Kinderaugen und goldenen, feinen Haaren auf mich zu: 'Ich bin Schwester Angela!' Sie lächelt mich ermutigend an und steichelt meinen kahlgeschorenen Kopf.

Ich gehe in die mir zugewiesene Abteilung und mache mich mit den Patientinnen bekannt. Am Abend steht plötzlich ein Waschbecken mit heißem Wasser, eine Seife, eine Zahnbürste, ein reines Handtuch, ein Taschentuch und reine Leibwäsche vor mir. Ich weiß nicht, wie viele Tage ich mich nicht mehr gewaschen habe. Meine Augen leuchten vor Glück. Wer konnte das nur hergebracht haben? Als ich mich gewaschen habe und wieder angekleidet bin, bemerke ich, dass alle Knöpfe an meiner Bluse und Hose angenäht waren.

Ich gehe schlafen. Ich schlafe allein in einem ziemlich großen Raum voller dreistöckiger Pritschen. Ich bin nämlich zu der Zeit der einzige jüdische Häftling, der im Revier arbeitet. Ich trete ein. Auf meiner Pritsche leuchtet eine Taschenlampe und neben ihr, auf einem Teller, liegen einige Stückchen Zucker, Kekse und eine Zitrone. Ich begreife nicht, ich verstehe nicht, aber ich bin zu müde, um nachzudenken. Angezogen lege ich mich auf den Strohsack und schlafe ein. Im Halbschlaf höre ich Schritte; jemand beugt sich über mich, streichelt meine Wangen, es scheint mir, dass er betet. Das höre ich aber kaum und verstehe es nicht, vielleicht träume ich nur.

Es war kein Traum, es war meine erste Begegnung mit Angela. Angela war eine Nonne aus Westfalen, ihr Kloster war in Tirol. Sie war schon das dritte Jahr im Konzentrationslager; wegen Beleidigung des Führers und Aufwiegelung der Bevölkerung. Im Revier oblag ihr die Verteilung der Essensrationen und die Wäschekammer. Wir wurden vom ersten Tag an Freundinnen."

"IHR HERZ VERMOCHTE MIT SEINER WÄRME TAUSENDE HERZEN ZU BESÄNFTIGEN"

"Angela war eigentlich unpolitisch. Ich habe nie erfahren, weshalb sie in ihrem dreißigsten Lebensjahr ins Kloster eintrat. Ich nehme an, dass sie zu einsam durchs Leben ging und dabei von einem Übermaße menschlicher Liebe und Nächstenliebe erfüllt war. Diese Liebe schenkte sie dann den verlassenen Kindern, die im Kloster erzogen wurden. Ihre Bildung war durchschnittlich, aber das Herz, das sie in ihrer Brust trug, vermochte mit seiner Wärme Tausende Herzen, Tausende Leiden zu besänftigen. In ihren Augen erstrahlten die Funken der Kindheit auf sonnenerleuchteten Wiesen, einherhüpfend mit einem Blumenkranz in den Haaren, dann wieder weinend wegen eines zerstörten Sandschlosses und gleich wieder lächelnd beim Anblick eines fliegenden Schmetterlings. Ihr Händedruck aber war ernst, fest und kompromisslos. Und so ist es erklärlich, dass Angela, dieses große Kind mit einem die ganze Welt umarmenden Herzen, dass diese Angela keine Angst hatte, ihre Meinung über den 'Führer' zu sagen und dann vor der Gestapo nur zu schweigen und niemanden zu verraten.

Was Angela im Konzentrationslager Auschwitz-Birkenau für ihre Mithäftlinge tat, tat sie mit Selbstverständlichkeit und Natürlichkeit, nur aus einem großen, menschlichen Gefühl, leidenden Menschen helfen zu wollen. Tausendmal brachte sie sich selber in Gefahr, unzählige Male gefährdete sie dadurch ihr eigenes Leben, aber sie zögerte nie, keinen Augenblick. Sie ging ihren geraden, leuchtenden Weg.

In Tagen, wo Hunderte und Tausende von uns umkamen und die Nächte unsere Herzen durch den Feuerschein verbrannten, in Nächten, die gesprengt wurden durch Schüsse auf Kameradinnen am Stacheldraht, saß Angela still, und ihre Augen wurden weit vor Staunen, Entsetzen, Befremdung. Ihre Hände streichelten wie eine Frühlingsbrise, wie ein Traum aus der Kindheit, wie ein Gelöbnis eines neuen Morgens.

'Angela', sagte ich einmal, 'im Lager gibt es viele Frauen, die schon wochenlang keine frische Wäsche anziehen können.' Der Zutritt ins Revier war für Lagerhäftlinge verboten, und die SS-Aufseherin verließ uns fast nie. An Sonntagen aber war es stiller. Und da brachten wir im Geheimen immer einige Frauen aufs Revier. Angela bereitete ihnen warmes Wasser, Seife und reine Wäsche vor. Sie schloss die Frauen in der 'Wäschekammer' ein, und ich hielt Wache. Im Geheimen, einzeln, gingen dann die Frauen ins Lager zurück."

IN BIRKENAU

"Im August 1942 übersiedelten wir nach Birkenau. Das Revier war in Holzbaracken, früheren Pferdeställen, untergebracht. Davon zeugten Tafeln an den Wänden mit der Aufschrift: ‘Achtung, Räudegefahr!’ Dreistöckige Pritschen, kein Fußboden, kein Licht, kein Wasser, keine Klosette, aber dafür Läuse, Millionen von Läusen. Und die Sonne durchstach diese verwünschte, öde Erde, sie barst von ihrer Durchdringlichkeit. Und nirgends war Wasser. In der Arbeit stürzten sich die Frauen auf Pfützen entlang des Weges, und doch kehrten sie ins Lager zurück mit Mündern schwarz vor Durst. Täglich gab es unzählige ‘auf der Flucht Erschossene’ und unzählige, die den Freitod am elektrischen Draht wählten. Der Flecktyphus wütete.”

Man könnte leicht glauben, dass bei diesen Beschreibungen über eine uns so ferne und unbekannte Welt viel erfunden und übertrieben wird. Doch stimmen die Berichte der vielen direkten Zeugen über die Hölle von Auschwitz weitgehend überein, wenngleich einige eher kalt und distanziert wirken.

In ihrem Brief vom September 1942 schreibt Schwester Angela von ihrem seelischen Kummer über diese Schreken erregende Welt, die sie umgibt: “Cillerl ist ja nun auch schon so lange fort von euch, ob wir uns wohl noch erkennen werden? Wie sie mitteilte, hat sie dasselbe Arbeitsfeld, nur noch vergrößert, und viel Sorge. Aber sie schafft es sicher. Gela hat seelisch viel Kummer wegen ihrer Umgebung, sie wird sich trotzdem zu halten wissen. Ihr denkt an sie? Grüßt mir mein liebes Bergmutterl. Ja, die Einzige, die Gute. Sie denkt bestimmt immer an mich, sowie das kleine Theresele. Das kleine Theresele hilft ja der Cillerl so schön Hand in Hand schaffen, dass es eine Freude ist.” *(Brief 64)*

Schwester Angela ermutigt wie gewohnt ihre Schwestern: “Ich weiß aber auch, dass ich euer Sorgenkind bin. Aber wie immer seid nur frohen Mutes, gesund bin ich ‘Gott Dank’, und mit einem Wiedersehen dürfen wir ja auch rechnen.” *(Brief 64)*

Mehr als einmal wird sie ihre geliebte Schwester Oberin um Geld für die Kranken bitten: “Möchte nun mein liebes Muttchen noch bitten, mir für Mai und Juni je 50 Mk zu schicken, möchte Kranken dafür etwas zukommen lassen. Hoffe Muttchens Einverständnis?!” *(Brief 76)*

"EIN MENSCH, DER SEINEN BLICK IMMER AUF DEN NÄCHSTEN RICHTET"

Frau Teichner, eine weitere Freundin und Mitgefangene, schickte uns am 18. November 1989 aus den Vereinigten Staaten, wo sie nun lebt, folgendes Zeugnis:

"Es ist für mich immer noch sehr schmerzlich, über die Vergangenheit und über Personen zu schreiben, die mir sehr verbunden waren.

Meine liebe Freundin, Frau Dr. Margita Schwalbová, half mir, Ende Mai 1942 als Krankenschwester in den Krankenblock - Block 4 - von Auschwitz zu kommen. Sie stellte mich Schwester Angela vor. Sofort ermöglichte mir Schwester Angela, mich zu waschen. Ich verbrachte bereits mehrere Wochen ohne Dusche und ohne Bad. Sie gab mir auch reines Gewand, reine Teller für das Essen und einen Strohsack für die Nacht.

Sie gab nicht nur uns, die wir im Krankenblock arbeiteten, ständig Essen und Kleider, sondern auch unseren Angehörigen und Freunden, sowie deren Angehörigen und Freunden.

Unter diesen unmenschlichen Bedingungen, wo das Leben der Gefangenen nichts wert war, wo das Töten der wehrlosen und hilflosen Menschen für die SS eine Heldentat war, dort versuchte Schwester Angela gegen die Ungerechtigkeit zu kämpfen, dort versuchte sie, so viel sie konnte, den Hungernden und Wehrlosen zu helfen, indem sie den Töchtern, deren Mütter in die Gaskammer gebracht wurden oder aufgrund der unmenschlichen Arbeitsbedingungen starben, seelische Hilfe leistete.

Schwester Angela handelte mit großem Scharfsinn, verteilte Wasser, eine größere Menge von Tee oder Kaffee, baute die Frauen auf, die von der Arbeit erschöpft waren oder ausgetrocknet vor Durst, sie gab Essen den erschöpften Männern, die im Frauenlager hart arbeiten mussten.

Am Tag, an dem wir in Birkenau ankamen, verlor eine meiner lieben Freundinnen ihre Mutter, und ihr Leichnam wurde tagelang vor dem Block, wo wir arbeiteten, liegen gelassen. Sie wurde von den Ratten ganz zerfressen. Schwester Angela half unserer Freundin, diesen Schrecken zu überwinden.

Einmal versteckte Schwester Angela eine junge Frau an ihrem Arbeitsplatz, um sie vor dem sicheren Tod zu retten.

Am Tag, an dem wir von Auschwitz nach Birkenau verlegt wurden, das war Ende des Sommers 1942, verweigerten einige 'Bibelforscherinnen' von Block 5 das Appellstehen. Die Männer und Frauen der SS schlugen sie so brutal, dass überall Blut floss und viele das Bewusstsein verloren. In Birkenau wurden die 'Bibelforscherinnen' in den Judenblock verlegt, wo die Lebensbedingungen unmenschlich waren. Sie erhielten dieselbe Behandlung wie die Jüdinnen, jegliche Hilfe war verboten. Aufgrund der schweren Schläge starben viele dieser Frauen innerhalb kurzer Zeit.

Im schweren Winter 1942, als die Juden, die in unserem Lager arbeiteten, an andere Orte gebracht wurden, verteilte Schwester Angela warme Kleider und Essen. Sie half Bekannten und Fremden. Alle wussten, dass es im Lager irgendwo eine Frau gab, die viel half.

Schwester Angela war eine charaktervolle Frau, ein Mensch, der seinen Blick immer auf den Nächsten richtete.

Ich war mit Schwester Angela in Kontakt, bis sie ins SS-Lazarett überstellt wurde."

VOR EINEM ABSCHRECKENDEN BEISPIEL

In ihrem Buch "Erloschene Augen", das 1949 in Bratislava veröffentlicht wurde, erzählt Frau Dr. Margita Schwalbová folgende Begebenheit:

“Auf einer Bahre trugen sie eine verwundete Gefangene ins Revier, eine junge Frau, die 20 Jahre alt war und aus Nitra (Slowakei) stammte... Auf ihrem Arbeitsplatz hatte sie ihre Kameradinnen mit Rufen angestiftet: ‘Arbeitet doch nicht für die Nazis! Helft ihnen nicht! Wir werden ohnehin hier sterben; da ist es gleich besser, wenn sie uns erschießen!’ Die Mädchen betrachteten sie verdutzt, als sie sich hinsetzte und die Arbeit verweigerte, während sie ihren sinnlosen Aufruf in den Raum stellte.

Ein Schuss fiel. Kein Wort mehr war zu hören. Die SS befragten sie nach ihrem Namen, ihrer Herkunft, ihren Verwandten...; sie schrien und prügelten sie. Ein langer schweigsamer Blick war ihre ganze Antwort. Und so brachten sie diese unbekannte Freundin zu uns. Die Kugel hatte Lunge und Eingeweide verletzt und das Blut rann von der Bahre.

‘Ich verbiete euch ausdrücklich, ihr einen Verband anzulegen’, sagte Dr. von Bodmann, ‘sie soll als abschreckendes Beispiel verbluten!’

Wir legten die junge Frau in ein Bett auf einen Polster aus Gummi. Alle halben Stunden kam der Herr von Bodmann, um sich zu vergewissern, dass wir die Patientin nicht verbunden hatten.

Wen sollte dieser Tod einschüchtern? Mich, Angela...? Wir waren still und wie geblendet. Angela gab ihr zu trinken und legte ihr kalte Binden auf den Kopf... Der Tod drang langsam in ihre großen, schwarzen Augen ein, bis sie sie zur ewigen Nacht verschloss.”

“SIE BREITETE MIT BEGEISTERUNG IHREN GLAUBEN VOR MIR AUS”

“Angela”, so setzt Frau Dr. Schwalbová fort, “stets rührig und energisch, behielt in ihren Augen den gleichen, vertrauensvollen Ausdruck, und ihr Lächeln war voller Geduld. Einige Tage nach unserer Ankunft in Birkenau erkrankte ich an Flecktyphus. Das Fieber verbrannte mich, Läuse nagten an mir und die Schwüle erschwerte meinen Atem. Die Nächte nahmen kein Ende - eine schwarze, undurchdringliche Dunkelheit. Wenn ich auf den ‘Kübel’ ging, fand ich nicht zurück auf meine Pritsche. Jede Nacht würgte mich jemand von den Phantasierenden oder schlug mich, begoss mich mit Kaffee oder eigenen Exkrementen. Neben mir, über mir, unter mir lagen Frauen im Sterben, schrien, phantasierten meine Kameradinnen. Täglich starben hunderte, phantasierten oder verstummten. Und jeden Morgen zog man die Toten von den Pritschen, warf sie auf Tragen und schaffte sie fort.

In dieses Irrenhaus kam Angela wie ein Lächeln der Morgenröte, wie ein Strahl des Sonnenlichtes. Täglich wusch sie mich mit abgekochtem Wasser, brachte mir Suppe und fütterte mich, sie gab mir Kompressen und erschlug meine Läuse. In der abendlichen Dunkelheit setzte sie sich auf meine verlauste Pritsche, nahm meine Hand in die ihre und erzählte mir. Sie erzählte von der kleinen heiligen Theresa, von dem heiligen Michael und von vielen anderen Heiligen, über ihr Leben, ihren Tod und ihre Wundertaten. Sie wusste, dass ich Atheistin war, trotzdem breitete sie mit Begeisterung in ihren Augen immer wieder ihren Glauben vor mir aus wie einen Blumengarten. Diese Abende waren wunderschön. Inmitten des fürchterlichen Elends erstand hier eine Insel der Zärtlichkeit und Freundschaft. Und mir in meinem hohen Fieber schien es, als sei ich ein kleines Kind, meine Mutter säße bei mir und erzählte mir Märchen, so schön und silbrig wie die Wellen eines Baches meiner Heimatstadt, so rosafarben und klingend wie ein Frühlingsabend.

Am fünfzehnten Tag sank mein Fieber. Der SS-Lazarettarzt durchschritt den Krankenblock, sah mich an und bemerkte: 'Sie liegen auch schon eine Ewigkeit hier!' Dieser Ausspruch war eindeutig. Am nächsten Tag stand ich auf und versuchte zu arbeiten. Ich hatte Ohrensausen und schleppte meine Beine wie zwei Fremdkörper hinter mir her. Angela fütterte mich auch weiterhin, sie wusch mich, bettete meine Pritsche, suchte nach meinen Läusen. Ich war ihr besonderer Liebling, aber außer mir hatte sie viele Schützlinge, denen sie täglich Wasser, Essen ... brachte, die sie fütterte und liebkoste mit ihrem kindhaft vertrauenden Blick..."

SCHWESTER ANGELA IST KRANK - EIN TRAUM, DER ALLES ERKLÄRT

Am 15. Oktober 1942 schreibt Schwester Angela ihrer Gemeinschaft einige Zeilen auf eine Postkarte, um ihnen mitzuteilen, dass sie schwer krank ist: "Ich bin nicht erstaunt, dass Cillerl so schwer krank ist, denn man hat so seine Ahnungen. Acht Tage so 40-41, na dann kommt ja die Krisis, und es wird ihr besser werden. Wir wollen alle für sie beten... Heute nur ein Kärtchen, und es wird mir schon dunkel, entschuldigt deshalb die Schrift." *(Brief 67)*

Hierher gehört wohl auch der Traum, den sie in einem Delirium ihrer Freundin Margita erzählt, die sie nun mit Eifer und Herzlichkeit pflegt. Es ist bekannt, wie wichtig die Träume sind, dass sie die tiefsten Sorgen und Wünsche des Bewusstseins widerspiegeln. Schwester Angela entpuppt sich in diesem Traum als wahre Tochter des heiligen Johannes von Matha und ihrer Gründerinnen, die für jede Form der Versklavung so sensibel waren.

Schwester Angelas Herz ist verwundet vom Schmerz über diese schreckliche Sklaverei, die sie Tag für Tag mitansehen musste. Und in ihrem Traum zeigt sich ihr verwundetes Herz groß und offen. Er ist ein Schlüssel, der ihre innersten Wünsche und Sehnsüchte erschließt. In allen Mitgefangenen, gleichgültig welcher Herkunft, Rasse, Ideologie oder Religion, sieht sie den verurteilten und leidenden Christus. Sie will diesen Schmerz lindern, ja völlig verschwinden lassen. So erzählt Frau Dr. Margita Schwalbová:

"Einige Zeit später erkrankte sie selber an Flecktyphus. Angela war vierzigjährig und hatte einen ziemlich schweren Herzfehler. Ich bangte um ihr Leben. Sie hatte Tage und Nächte hindurch Fieberphantasien. Eines Morgens sagte sie zu mir: 'Weißt du, dass ich eine große Entdeckung gemacht habe, und die Nazis wollen sie mir abkaufen? Sie versprechen mir dafür meine Freiheit und eine große Summe Geld. Ich habe abgelehnt. Ich stell eine einzige Bedingung, nur, wenn sie mir die erfüllen, verrate ich mein Geheimnis.' 'Welche Bedingung ist es?' fragte ich Angela und streichelte ihre brennend heißen Wangen. Ihre entzundenen Augen leuchteten auf, und sie flüsterte mir ins Ohr: 'Meine Entdeckung verrate ich ihnen, wenn sie alle Häftlinge in die Freiheit entlassen, alle - verstehst du - Deutsche, Polen, Russen, Juden, Zigeuner; alle!'"

GEHEIME MISSIONEN

"Angela wurde gesund und lebte in ihrer gewohnten Art weiter. Mit kindlich natürlichem Blick hinterging sie die SS und verteilte das Nötigste an die Häftlinge. Täglich starben Hunderte im Revier. Angela bekam die Essensrationen nach dem Stand des vorigen Tages, also auch für die Toten. Das Übriggebliebene verteilte sie an Rekonvaleszente und Frauen im Lager. Es war schon eine ganze Schar von Frauen, die in der

Dunkelheit zur Türe ihrer Revierküchenkammer kamen und Essen von ihr abholten. Außerdem verteilte sie auch Wasser, das kostbarste und wertvollste Gut im Lager. Das Revierpersonal hatte das Recht, sich Wasser in der Lagerküche zu holen. Gewöhnliche Häftlinge konnte ein solches Unterfangen das Leben kosten. Wenn sich die Welt in ihre schwarzen Kissen hüllte und die Frauen, müde und schmutzig, auf ihre Kojen sanken und darüber nachdachten, was sie mit der halben Tasse ihres sogenannten Kaffees tun sollten - ob ihn austrinken, oder sich wenigstens das Gesicht und die Hände damit abspülen, da ging Angela mit Wasser und einem Waschbecken in die Blöcke. Später, abends brachte sie einige Frauen auch in ihre 'Diätküche' zu demselben Zweck. Beide dieser Tätigkeiten waren höchst gefährlich. Es war nämlich den Revierhäftlingen strengstens verboten, die Lagerblöcke zu betreten, andererseits durften Lagerhäftlinge nicht aufs Reviergelände. Angela machte das nicht bange. Nach vollbrachter Tat leuchteten ihre Augen mit der Freude eines Kindes, dem ein Streich gelungen war."

DIE GEMEINSCHAFT, DAS ERSTE

In ihren Briefen drückt sie stets ihre Sorge um die Gemeinschaft aus. Sie denkt immer an sie: "Alle eure Freuden sind auch meine." *(Brief 76)*

In ihrer selbstlosen Haltung stellt sie alles, auch ihre persönliche Lage, hinter die Interessen der Gemeinschaft. Die Schwestern fühlen, dass Schwester Angelas Gesundheit ziemlich angeschlagen ist. Und obwohl sie in einigen ihrer Briefe - den Vorschriften entsprechend - behauptet, dass es ihr gut geht, schicken sie ihr Pakete. Tatsächlich hat sie nach ihrer Krankheit im Oktober 1942 bis zum Jänner 1944 immer wieder Rückfälle.

Schwester Angela, die sich der Armut, in der die Schwestern leben, bewusst ist, will nicht, dass sie ihretwegen auf irgendwas verzichten:

"Wenn das Porto hoch ist... so bitte ich, nichts zu schicken. Brot habe ich, Gott sei Dank, genug." *(Brief 72)*

"Cillerl schickte euch durch Onkel Bernhard auch 45,- oder 50,- für mich... Bis jetzt bekam ich drei Pakete in bester Ordnung, die zwei anderen werden inzwischen wohl einlaufen. Ich mache mir Vorwürfe, dass ihr's euch abziehen müsst, und bitte euch, nichts mehr zu schiken." *(Brief 74)*

"Bitte schickt nichts. Ein treu-inniges Gedenken ist für mich viel wertvoller." *(Brief 86)*

Und so schreibt sie in fast allen ihren Briefen vom Februar 1943 bis zum Februar 1944.

HERBST, DIE JAHRESZEIT DES STERBENS

Frau Dr. Schwalbová setzt fort:

"Inzwischen wurden die Tage grauer und kürzer. Der Herbst umarmte uns mit seiner blutigen Schönheit. Mühsam schritt der Morgen durch den Nebel. 'Der Herbst ist die Zeit des Sterbens' lernten wir in der Schule. Nirgends war das zutreffender als im Konzentrationslager. Der Herbst ist der Vorbote des Winters, wo es für Lagerhäftlinge keine Arbeit gibt. Diese Überzahl an Arbeitskräften musste rechtzeitig beseitigt werden. Deswegen war der Herbst immer die Zeit der größten, fürchterlichsten Selektionen in die Gaskammern.

Täglich beim Ausrücken der Kommandos in die Arbeit und bei ihrer Rückkehr standen SS-Männer und SS-Aufseherinnen beim Lagertor und selektierten nach ihrer momentanen Laune ganze Reihen, ganze Kommandos gesunder Frauen in die Gaskammer. 'Die Hände zeigen!' war der Befehl eines Morgens.

Wer vor Kälte rote oder raue Hände hatte, ging ins Gas. Am anderen Tag betrachteten sie die Füße. Am dritten Tag musste man über einen Graben springen, am vierten hing alles davon ab, ob die Fünferreihe in gerader Deckung durch die Kontrolle schritt. Und manchmal hing es von nichts ab, nur davon, ob auf dich, deine Kameradin, deine Schwester, oder auf alle drei jemand von der SS mit dem Finger zeigte. Täglich gingen Hunderte in die Gaskammern. Wir fragten nicht mehr nach Bekannten. Wenn sie heute noch lebten, konnten sie morgen schon tot sein."

VERWEGENE FRAUEN

"Und wieder erwacht ein Morgen still und mutlos in fürchterlicher Erwartung. Die Kommandos rücken zur Arbeit aus. Eine Selektion findet statt, unermesslich in ihrem Umfang. Die Aufseherinnen zerren eine Frau nach der anderen mit ihren Stöcken aus den vorbeimarschierenden Reihen. Die Zahl der Verurteilten war so groß, dass im Todesblock kein Platz mehr war, und die Frauen warteten hinter unserer Ambulanz auf den Tod. SS-Wachen mit ihren Hunden umringten sie. Es müsste wenigstens einigen aus dieser Todesfalle geholfen werden, sie stehen ja nur einige Meter von uns entfernt! Aber wie? Das sogenannte 'Leichenkommando', welches die Leichen aus dem Lager und dem Revier forttrug, hatte Zutritt ins ganze Lager. Um nicht irrtümlich vergast zu werden, trugen sie weiße Armbinden mit einem roten Kreis in der Mitte. Wir verschafften uns einige solcher Armbinden. Orli, eine deutsche Kommunistin, versuchte es, zu den umkreisten Frauen zu gelangen. Wir sehen ihr durch das Fenster der Ambulanz zu. Orli geht rund um die Umkreisung, lässig nähert sie sich ihr, jeder Schritt dauert eine Ewigkeit... sie ist schon ganz nahe, da bemerkt sie eine Aufseherin und treibt sie mit Flüchen fort. Wir warten eine Viertelstunde, Orli unternimmt einen zweiten

Versuch, wieder ohne Erfolg. Und die Sonne steigt höher auf ihrer Bahn, rücksichtslos fliegt die Zeit, jede Minute können die Transportautos hier sein. Orli geht zum dritten Mal - scheinbar ganz unbeteiligt schreitet sie zu den umkreisten Frauen, die Aufseherin wendet sich ab und Orli reicht die Armbinden des Leichenkommandos in einige Hände. Die Frauen legen die Armbinden an und kommen ohne weiteres aus der Umkreisung heraus. Diese Frauen dürfen nicht gleich in ihren Block zurückkehren, es könnte sie jemand verraten. Einige Zeit müssen sie als Tote gelten, niemand darf sie sehen.

Und schon durchbohren die Motoren der Lastwagen die Luft. Ein Gebrüll, ein Gebell von Hunden, stumpfe Schläge hallen wider. Große, haarige Fleischerhände werfen die Frauen auf die Autos, glänzende Stiefel stampfen in die Rücken: 'Näher zueinander, auf jedem Auto müssen hundert Frauen Platz haben - los, los, rascher!' Die Autos sind schon in Bewegung, jemand ruft: 'Manci, grüße meine Mutter!' Eine Kinderstimme schreit: 'Lebet wohl!', und eine Kinderhand weht über den auf dem Auto stehenden Häuptern wie ein Fähnchen. Plötzlich ertönt ein schrecklicher Aufschrei, ein Brüllen, das die Seele bis zu ihren Wurzeln erschüttert. Es ist das Brüllen eines tödlich getroffenen Tieres mit seinen großen nichts begreifenden Augen. Blutig pocht das Echo in unseren Seelen. Und danach folgt eine Stille, eine tote, leere, blutende Stille mit einer wehenden Kinderhand an ihrem Rande und mit dem Stacheldraht, der das Himmelblau durchbohrt."

EINE GEFÄHRLICHE TAT

"Die kleine Olga mit der Armbinde des Leichenkommandos am Arm, mit großen, verängstigten Augen, läuft zu uns. Was soll sie tun? Sie ist neunzehn Jahre, und acht Monate hat sie im Außenkommando gearbeitet. Sie war nie krank gewesen, jetzt aber hat sie ein Stechen in der Brust, und sie hustet. Vielleicht ist das aber alles nur vom Schrecken und von der Angst. Was machen wir mit Olga?

Wie eine Vision erscheint Angela vor uns. In Angelas Wäschekammer befindet sich ein kleines Kämmerchen, über welchem ganz unter dem Dachboden ein kleiner, dunkler Raum ist. Man muss es versuchen. Olga rollt sich wie ein Wurm zusammen, so reicht der Platz für sie. Den ganzen Tag verbringt sie dort unbeweglich in dieser Lage. Angela reicht ihr öfter etwas zum Essen oder Trinken. Am nächsten Tag ist es aber klar, dass Olga eine Lungenentzündung hat. Sie darf aber ihr Versteck noch nicht verlassen. Das Fieber verbrennt sie, sie schläft fast den ganzen Tag. Angela reicht ihr Tee und macht ihr Umschläge. Das kann sie aber nur tun, wenn 'reine Luft' ist. Am dritten Tag kommt unser Rottenführer in die Wäschekammer. Fast zur gleichen Zeit beginnt Olga zu phantasieren, sie rutscht in ihrem Versteck herum, brummt etwas, sie hustet und hustet. Angela erblasst ein wenig und spricht mit unschuldiger, aber sehr lauter Stimme: 'Herr Rottenführer, ich brauche einen neuen Besen und neue Tragen für die Wäsche, ich kann weiter so nicht arbeiten!' Olga hustet, der Rottenführer rührt sich nicht. Und Angela spricht weiter, sie lacht, spaßt mit lauter Stimme... Endlich geht der Rottenführer fort.

Am nächsten Tag konnten wir Olga als Patientin ins Revier aufnehmen. Nach ihrer Entlassung aus dem Revier ging Olga wieder ins Außenkommando arbeiten. Aber aus ihren Augen wich die Angst nicht mehr, scheu, unruhig, traurig sahen sie umher. Zögernd, schwer bewegten sich ihre Füße, wenn sie zur Arbeit ging.

Ein grauer Tag. Stiller Regen ging vom Himmel nieder wie ein grauer Schleier. An diesem Tag trat Olga vor den SS-Posten, der die Arbeitskolonne überwachte: 'Erschießen Sie mich, ich kann nicht weiter!' Der Posten schoss nicht - Olga steht und rührt sich nicht. Sie wartet. Plötzlich dreht sie sich um und springt in einen nahen Teich. Der Abend neigte sich mit seiner wogenden Dunkelheit und aufwühlenden Röte. Man brachte uns Olga nass, voller Wunden, die Augen voller Sand und Lehm und einem abwesenden, schmerzvollen, fragenden Blick. Was konnten wir mit ihr tun? Vor kurzem wurde es verboten, jüdische Patientinnen aufs Revier aufzunehmen. Am nächsten Tag wurde Olga in den Todesblock versetzt. Es gelang uns, den Rapportführer zu überzeugen, dass es sich nur um eine kurze Krankheit handelte. Er versprach, einige Tage abzuwarten und sie nicht in die Gaskammer zu schicken. Olga schwieg; ihre traurigen, großen Augen flackerten unruhig. Zwei Tage später ging ein Transport in die Gaskammer. Allein, freiwillig stieg Olga auf das Auto und ging mit den anderen verurteilten Frauen in den Tod."

EIN BESONDERS SCHMERZHAFTES LEID

Das Leben in den Konzentrationslagern war in vielerlei Hinsicht für die Frauen härter als für die Männer. Einer der Gründe betraf das geistliche Leben. In den Lagern für Männer gab es immer Priester, eifrige Diener des Herrn, wahre Märtyrer, die sich heimlich um das geistliche Wohl der Christen kümmerten, sie stärkten, indem sie ihnen das Wort des Herrn verkündeten, Gebetswachen veranstalteten und die Sakramente der Versöhnung, Eucharistie und Krankensalbung feierten.

Die Frauen, das war offensichtlich, konnten die geistliche Nahrung nicht erhalten, die für ihre Lebenssituation eine so wichtige Quelle der Kraft gewesen wäre.

Wir kennen Schwester Angelas tiefes geistliches Leben. Wir wissen, wie sehr sie die Sakramente, vor allem die Eucharistie, schätzte. Es muss für sie ein besonders schmerzhaftes Leid gewesen sein, dass sie so lange ohne diese Quellen der Gnade und des christlichen Lebens auskommen musste.

Rufen wir uns nochmals ihr Wehklagen in Erinnerung, das sie in Innsbruck wenige Tage nach ihrer Verhaftung ausstieß: "So lang keine heilige Beichte mehr, keine heilige Kommunion mehr!"

Im Mai 1941 schrieb sie aus Ravensbrück: "Wann wird Cillerl von ihrem besten Freund wohl mal wieder besucht?" *(Brief 46)*

Aus ihrem ersten unzensierten Brief vom 12. Dezember 1943 erfahren wir, wie sievor Sehnsucht brennt, den Boden ihres geliebten Klosters zu küssen, in die Kapelle zu laufen, wo sie so manche süße Stunden in innigster Vereinigung mit Gott verleben durfte.

Cäcilia Bader, Krankenschwester beim Roten Kreuz und Schwester Angelas Kameradin im SS-Krankenbau von Auschwitz, bezeugt: "Wenn ich sonntags frei hatte und in die Kirche ging, dann wurde sie sehr traurig und drückte mir die Hand. Sie hätte mich so gern begleitet..." Und dieselbe Zeugin schrieb am 31. Dezember 1944 der Schwester Oberin, Michaela Roth: "Ihre Sehnsucht, die Sakramente zu empfangen, war sehr groß."

STARK IM GLAUBEN

Im christlichen Leben nehmen das Wort Gottes und die Sakramente einen besonderen Platz ein. Vor allem die Eucharistie ist das Sakrament, das uns täglich nährt und uns in unserem Leben mit Christus stärkt. Sie ist "eine Gedächtnisfeier seines Todes und seiner Auferstehung: das Sakrament huldvollen Erbarmens, das Zeichen der Einheit, das Band der Liebe, das Ostermahl, in dem Christus genossen, das Herz mit Gnade erfüllt und uns das Unterpfand der künftigen Herrlichkeit gegeben wird." *(SC 47)*

Obwohl Schwester Angela dieser Heilsmittel beraubt war, erreichte sie trotzdem eine hohe Stufe des Lebens nach dem Evangelium, der Gnade und der Einheit mit Gott. Wie pflegte und nährte Schwester Angela dieses Leben nach dem Evangelium? Die Antwort kann nur eine sein: Sie blieb ihrem Glauben auch unter diesen schwierigen Umständen treu.

Ihre Glaubenserfahrung hat verschiedene Anhaltspunkte, die man aus ihren eigenen Äußerungen und Bekenntnissen herauslesen kann, die uns in ihren zahlreichen Briefen aus der Gefangenschaft noch überliefert sind. Besondere Erwähnung verdienen folgende Punkte:

1. Geistliches Miterleben des liturgischen Jahres

“Als liebende Mutter hält es die Kirche für ihre Aufgabe, das Heilswerk ihres göttlichen Bräutigams an bestimmten Tagen das Jahr hindurch in heiligem Gedenken zu feiern...

Indem sie so die Mysterien der Erlösung feiert, erschließt sie die Reichtümer der Machterweise und der Verdienste ihres Herrn, so dass sie jederzeit gewissermaßen gegenwärtig gemacht werden und die Gläubigen mit ihnen in Berührung kommen und mit der Gnade des Heiles erfüllt werden.” *(SC 102)*

Schwester Angela konnte die Geheimnisse der Erlösung nicht in den Sakramenten feiern. Sie vereinigte sich aber, wie man aus ihren Briefen herauslesen kann, geistig mit den kirchlichen Feiern. Sie dachte mit einer besonderen Einfühlungskraft an die liturgischen Feste, vor allem an Weihnachten, Ostern und Pfingsten, ja sogar an die Heiligenfeste. Im unzensierten Brief vom 12. Dezember 1943 bittet sie die Schwester Oberin um ein Messbuch und ein Brevier. Zu Weihnachten versuchte sie, ihre Gefängnisgefährtinnen zu erfreuen, indem sie ihnen kleine Geschenke machte und ein kurzes Zusammentreffen veranstaltete, bei dem auch der Christbaum und die Weihnachtslieder nicht fehlten.

2. Gebetsleben

Schwester Angela war eine betende Seele. Aus der Fülle ihres Herzens redete ihr Mund. Wir wissen bereits, dass sie die Verwandten daran erinnert hat, wie wichtig und notwendig das Gebet sei. Wir erinnern uns an jene wunderschönen Worte, die sie an ihren Bruder richtete: "Halte dich ans Beten, denn im Gebet findet man Trost in allem." *(Brief 12)*

Schwester Angela, vom Wort Gottes und den Sakramenten getrennt, hält sich in ihrer harten Gefangenschaft umso fester ans Gebet: "Cillerl... geht täglich die zwei Stunden in die frische Luft, wie ich es auch früher immer machte." *(Brief 44)*

Von der Macht des Gebetes überzeugt, bittet sie die Ihren in allen ihren Briefen, beim Gebet an sie zu denken.

3. Marienverehrung

In der Chronik über ihre dritte Tirolreise beschreibt Schwester Hermine Gitter ihren Besuch bei Frau Anna Kaltenberger. Diese Frau ist die kleine Anna, die im Bericht von P. Marcus Berbet aufscheint, als Angela ins Kloster eingetreten ist. Frau Anna erinnert sich noch genau an Schwester Angela, unter deren Leitung sie im Kloster lebte, und sie erzählte den Schwestern von ihrer tiefen Religiosität. Täglich, bevor sie in die Schule ging, zogen beide zusammen Rosenkranz betend zur Muttergottes vom Locherboden hinauf, die sich in der Nähe des Klosters befand.

Fast in allen ihren Briefen aus der Gefangenschaft erinnert sie sich an ihre Muttergottes vom Locherboden und lässt sie schön grüßen:

"Mein Mötz und mein lieber Locherboden, wo ich in Gedanken immer weile." *(Brief 54)*

"Grüßt mir mein liebes Bergmutterl. Ja, die Einzige, die Gute. Sie denkt bestimmt immer an mich." *(Brief 64)*

"Wie gerne möchte ich nochmal zum Bergmutterl." (Brief 68)

"O wie schön wird es jetzt auf dem Locherboden sein! Wann wird die Cillerl mal wieder dort hinaufgehen? Ich bin in Gedanken immer dort. Das Bergmutterl denkt bestimmt auch an mich." *(Brief 73)*
Und in einem ihrer letzten Briefe:

"Durchwandern und -kämpfen wir den Monat Oktober mit unserer lieben Rosenkranz-Königin, sie wird uns helfen und zum Siege führen." *(Brief 97)*

4. Theologischer Sinn des Leids

Die Haltung angesichts des Leidens ist ein wunderbarer Prüfstein, um die Tiefe unseres Glaubens und unseres christlichen Lebens zu ergründen.

Es gibt einige, die im Leiden den Beweis sehen, dass Gott nicht existiert.

Es gibt andere, die Gott zwar zulassen, im Leiden aber verzweifeln und protestieren und jammern, dass Gott nichts tut und so weit entfernt ist.

Es fehlen aber auch jene nicht, die im Kreuz Christi den tiefen Sinn des Schmerzes, seine heilbringende Kraft entdeckt haben. Es sind jene, die wie der heilige Paulus wissen, dass "die Leiden der gegenwärtigen Zeit nichts bedeuten im Vergleich zu der Herrlichkeit, die an uns offenbar werden soll" *(Röm 8,18),* jene, die im Leiden auch den Trost Gottes erfahren, "damit auch wir die Kraft haben, alle zu trösten, die in Not sind, durch den Trost, mit dem auch wir von Gott getröstet werden". *(2 Kor 1,4)*. Und durch diesen Trost Gottes ergänzen sie in ihrem Fleisch, "was an den Leiden Christi noch fehlt". *(Kol 1,24)*.

Schwester Angela verstand es, das Leid auf diese Art zu leben. Ihrem Bruder Franz schrieb sie am 1. Juni 1936: "Geht es uns gut, so vergessen wir auf den lieben Heiland; erst im Leid lernen wir ihn kennen." *(Brief 15)*

Im unzensierten Brief vom 12. Dezember 1943, in dem sie ihren Erinnerungen und Sehnsüchten nach ihrem geliebten Kloster freien Lauf lässt, schreibt sie: "Nur eines ist das echte Nützliche - das Leiden für und mit ihm... ja, vertrauen wir ihm blind, opfern wir alle unsere Tränen ungeweint ihm auf." *(Brief 84)*

Am 17. September 1944 wendet sie sich an ihre Schwester Oberin, die um sie bangt, und schreibt ihr aufmunternd: "Vereinigen wir uns in all unsern Gebeten, Opfern, Leiden und Freuden. Wenn wir auch nur ein Atom vor dem Allerhöchsten sind, so sehen wir doch, dass wir ihm angenehm sind in Bezug auf unsere Leiden." *(Brief 95)*

Schwester Angela betrachtet ihren Aufenthalt im Konzentrationslager als Lehrzeit: "Cillerl setzt die Lehrzeit gewiss nicht zu, sie ist ja immer, wenn es ihr im Leben mal schwer wurde, mit allem und sich selbst fertig geworden. Sie weiß, dass sie lernen und einst einmal die Prüfung ablegen muss." *(Brief 44)*

5. Erlösender Einsatz für ihre gefangenen Schwestern

In der Geschichte der christlichen Spiritualität wurde die Liebe zeitweise deutlich verinnerlicht gesehen. In der Suche nach persönlicher Heiligung wurde die Liebe zu Gott betont, ohne aber seine erste und grundsätzliche Forderung zu beachten: die Liebe zu unseren Brüdern und Schwestern.

Schwester Angela verfiel dieser Verkürzung des christlichen Lebens offensichtlich nicht. Sie liebte den dreifaltigen Gott voll Hingabe. Sie lebte in engster Verbindung mit ihm. Und diese Liebe spornte sie an, sich auch ganz für die gefangenen Schwestern hinzugeben. Das sieht man an ihren eigenen Briefen; daran erinnern sich alle, die mit ihr gelebt haben. Sie war eine wahre Tochter des heiligen Johannes von Matha und der Gründerinnen der Trinitarierinnenkongregation, die, erfüllt von Gott, "Anbeter der Dreifaltigkeit" waren, zur gleichen Zeit aber "Erlöser der Menschen", indem sie sich für die Gefangenen, Armen, Kranken... einsetzten.

Schwester Angela verkörperte auf hervorragende Weise das Charisma des Trinitarierordens: die erlösende Liebe. In Treue zu diesem Charisma setzte sie sich voll und ganz dafür ein, den Schmerz ihrer Kameradinnen in der Gefangenschaft zu lindern, indem sie ihnen manchmal materielle Hilfe gab, und andere Male Mut und Trost spendete. So erwies sie sich als Christin und Trinitarierin.

6. Ruhen in Gottes Händen

Jesus bat den Vater, dass er, wenn es möglich wäre, ihn vom bitteren Kelch des Leidens befreien möge. Er fügte jedoch hinzu: "Aber nicht wie ich will, sondern wie du willst." (Mt 26, 39). Und am Kreuz rief er während des unbegreiflichen Geheimnisses der Verlassenheit: "Vater, in deine Hände lege ich meinen Geist." *(Lk 23, 46).*

Das war die Haltung, die auch die Heiligen im Leiden immer an den Tag legten. Schwester Angela wollte die Freiheit, sie sehnte sich nach ihrer Gemeinschaft, ihrem Ordensleben. Trotzdem verstand sie es, wie ihr Herr, den Willen Gottes anzunehmen, sich seiner Vorsehung zu unterwerfen. Und das mit einer großen Geistesstärke, mit ungebrochenem Geist:

"Hoffe ein recht baldiges Wiedersehen; aber wenn er meint, dass es recht ist, so muss es genügen." *(Brief 46)*

"Wir stehen alle in Gottes Hand." *(Brief 48)*

"Sie", sie spricht über sich unter dem Decknamen Cillerl, "ist ja immer einverstanden, wie er es will." *(Brief 79)*

Und am 17. September 1944 schreibt sie ihrer Schwester Oberin:

"Die lieben Zeilen... machen mich sehr traurig, ich ersehe daraus die Stimmung, in der mein liebes Mütterlein war. Ja ich weiß und kenne mein Mütterlein zu gut. Aber ich möchte bitten - nicht ein Seufzer für mich, es ist nicht notwendig, ich stehe in Gottes Hand, bin sein Kind, und er trägt somit auch die Sorge um mich." *(Brief 95)*

INNIGE WEIHNACHTEN

In den Konzentrationslagern waren alle Tage hart. Aber bestimmte Umstände verschlimmerten das Gefängnisleben noch zusätzlich. Das geschah zum Beispiel an Tagen, die für die Gefangenen besondere Bedeutung hatten. Einer dieser Tage war Weihnachten, ein Fest, an dem alle Verständigungs- und Verständnisschwierigkeiten wie aufgehoben erscheinen, an dem alle Männer und Frauen verstärkt die Sehnsucht nach einem geschwisterlichen und glücklichen Leben verspüren.

Schwester Angela feierte immer voll Eifer und Freude das Weihnachtsfest, und sie war sehr sensibel für den zusätzlichen Schmerz der Gefangenen an diesem Tag, der so zu Herzen geht. Sie ersann eine Möglichkeit, das Leid ihrer Kameradinnen im Konzentrationslager zu lindern, indem sie eine abendliche Feier veranstaltete, etwas Besonderes für das Abendessen bekommen konnte und kleine Geschenke austeilte, was einen hohen psychologischen Wert hatte.

Aus Ravensbrück schreibt sie ihrer Gemeinschaft über das Weihnachtsfest des Jahres 1941:

"Cillerl feierte auch schön Weihnachten, so wie es in ihren Rahmen passt, sie ist große Optimistin." *(Brief 54)*

Und Frau Dr. Margita Schwalbová beschreibt das erste der beiden Weihnachtsfeste, die Schwester Angela in Auschwitz verbrachte, genauer:

"Weihnachten 1942. Tausende dachten ans Zuhause, an Stuben mit einem leuchtenden Weihnachtsbaum, an das im Ofen knisternde Feuer, an die großen Augen der Kinder, so hell wie vom Sonnenglanz erleuchtete Apfelblüten. Und still wellte sich die Dunkelheit des Heiligen Abends.

Angela kochte einen großen Topf Weihnachtssuppe. Ein Bäumchen stand inmitten der Stube, sogar Kerzen flimmerten in die Dunkelheit. Angela bereitete für jeden von uns ein kleines Geschenk vor. Sie trug Suppe und Geschenke auch den Kranken ins Revier und den Frauen ins Lager. Angela vergaß nichts. Sie hatte einen feierlichen, fast ernsten Ausdruck in ihrem Gesicht, nur ihre Augen waren groß, blau, strahlend. In unserer Stube erklangen Weihnachtslieder fast aller europäischer Nationen. Und dann herrschte Stille. Es war das erste Mal, dass ich im Lager eine ruhige, harmonische, ergreifende Stille erlebte."

IM SS-LAZARETT - DER "ENGEL VON AUSCHWITZ"

Wenn Frau Dr. Schwalbová schreibt: "Kurz nach Weihnachten wurde Angela ins SS-Lazarett versetzt", so wissen wir von ihr selbst, dass die Versetzung im Mai 1943 stattfand.

"Bis zum Endes des Jahres 1944", schreibt Frau Dr. Schwalbová, "sah ich sie nur einige Male, wenn es ihr gelang, zu uns ins Lager zu kommen. Mädchen, die in der Nähe des Lazarettes arbeiteten, überbrachten mir oft Grüße von ihr. Von ihnen erfuhr ich auch, dass Angela sich treu blieb. Sie verließ oft heimlich das Lazarett, um den arbeitenden Kolonnen Essen, warmen Tee, Wäsche und Zigaretten, die der SS bestimmt waren, zu bringen. Und sie tat es mit dem gleichen kindlichen, blauen Lächeln."

Durch die Vorsehung haben wir auch von dieser letzten Zeit Schwester Angelas im SS-Lazarett ein außergewöhnliches Zeugnis. Es handelt sich um Frau Cäcilia Bader, geb. Menzler, heute eine betagte Frau mit 82 Jahren, die in St. Augustin, Deutschland, lebt. Unsere unermüdliche und selbstlose Schwester Hermine hat auch sie ausfindig gemacht.

Cäcilia war eine Krankenschwester des Roten Kreuzes, die gezwungen wurde, dem SS-Lazarett ihre Dienste anzubieten. Sie war nämlich keine Gefangene.

Sie gab mehrere Briefe an Schwester Angela weiter, sodass sie die Zensur nicht passierten. Sie war auch die erste, die unmittelbar nach ihrem Tod die traurige Nachricht an die Gemeinschaft in Mötz weiterleitete.

"Als ich im KZ Auschwitz ankam", erklärt Frau Bader, "wurde ich als Erstes im SS-Büro vereidigt. Ich durfte auswärts nicht erzählen, was ich hier hörte und sah. Man wurde sofort von dem furchtbaren Geruch in Empfang genommen. Es roch nach Haaren und Haut. Man sah die ausgedorrten Gestalten. Ich erfuhr von den vielen Toten, die verbrannt wurden. Es war schrecklich...

Unser Lazarett lag außerhalb des bewachten Lagers. Jeden Morgen führten Wachsoldaten die Häftlinge durch das Tor zum Lazarett und anderen Dienststellen. Darunter war auch Angela... Abends wurden die Häftlinge zurückgeführt ins Lager, darunter auch Angela, die mit anderen Häftlingen in einer Baracke wohnte. Hin und wieder besuchte ich Angela auf der Station. Ich sah, sie tat alles für die Kranken, sie hatte gelernte Schwestern mit weißen Häubchen über sich. Ich fragte sie, ob sie auch putzen müsse. Ja, antwortete sie. Sie hatte keine bevorzugte Arbeit. Immer war sie hilfsbereit und half, wo sie konnte. Sie hatte ein besonderes Lächeln, bei allem Schweren, das um sie herum war. Sie hatte ein Herz für alle Kranken, für die Schwestern, sogar für die SS-Leute. Alle liebten sie."

Am 17. September 1988 schrieb Frau Bader an Schwester Hermine: "...Ich wurde vom Arbeitsamt Neustadt/OS nach Auschwitz dienstverpflichtet, obwohl ich mich dagegen gewehrt habe... So kam ich ins SS-Lazarett Auschwitz, wo man mich in der Diätküche einsetzte. Da das eigentliche Lazarett noch im Bau begriffen war, befand sich das Not-Lazarett in einer Baracke. Hier begegnete ich Angela, dem Engel von

Auschwitz, wie sie von den Mitgefangenen genannt wurde. Sie arbeitete tagsüber in der Diätküche und kochte dort auf einem 2-flammigen Elektrokocher. Hier arbeiteten wir etwa ein halbes Jahr zusammen.

Durch ihre aufopfernde Hilfsbereitschaft wurde sie mir bald zum Vorbild. Sie half allen, wo sie nur konnte. Es war ein sehr schönes, harmonisches Zusammenarbeiten mit ihr. Nach einiger Zeit erfuhr ich, dass sie Ordensfrau war. Umso mehr hielten wir zusammen. Trotz des Sprechverbots unterhielten wir uns. Sie erzählte viel von ihrem Orden und den Mitschwestern. Wenn ich mich recht entsinne, hat sie über die Zustände im Lager wenig geredet. Sie hat nie geklagt, war stets hilfsbereit und gottergeben. Für mich war sie schon damals eine Heilige. Ihre Augen leuchteten, als wenn sie von einer besseren Welt wäre...

Für die Mitleidenden war sie wie eine Mutter. Sie kamen mit all ihren Anliegen zu ihr. Für jeden hatte sie ein gutes Wort.

Als das Lazarett in Birkenau fertig war, zogen wir um. Hier wurden wir getrennt. Angela wurde auf eine Station versetzt und ich übernahm die Diätküche, die sich ab jetzt in einer anderen Baracke befand... Ich besuchte sie auf ihrer Station und ließ sie oft durch die Mitgefangenen grüßen."

EIN UNZENSIERTER BRIEF

12. Dezember 1943. Schwester Angela befindet sich schon 3 Jahre und 4 Monate, ihrer Freiheit beraubt, in den Konzentrationslagern der Nazis. Ein Landsmann von ihr, Franz Budeus, Mitglied des Aufsichtspersonals des Konzentrationslagers Auschwitz, bietet sich an, einen Brief durchzuschmuggeln, während er auf Urlaub fährt. Wie zeigt sie sich ohne die Barrieren der Zensur? Es lohnt sich, dies zu sehen:

"Mein liebstes, bestes, teuerstes Mütterlein - meine lieben Mitschwestern, lieber Papa und Geschwister! Freue mich riesig, euch schreiben zu können. Mein Brief vom 1. 12. wird euch heute oder morgen erreichen. Der liebe und freundliche Absender dessen ist 14 Tage in Mühlheim-Möhne in Urlaub, falls mein liebes Mütterlein etwas von ihm über mich erfragen möchte. Er war hier bei uns im Lazarett, und ich durfte für ihn etwas besorgen. Wie groß meine Freude war, als er sich als Sauerländer mir bekannt gab, könnt ihr euch wohl denken. Ach ja, mein liebes schönes Sauerland - meine schöne Heimat, werde ich deinen Boden mal wieder betreten dürfen? Und meine zweite Heimat - mein schönes Tirol mit den Bergen so stolz, auch dich möchte ich (wenn es Gottes Wille ist) wieder sehen, möchte den Boden und die Schwelle unseres lieben Klosters küssen, hinaufstürmen in unser liebes trautes Kapellchen, zu unserem lieben Herrn, der mich vor heute genau 3 Jahren und 4 Monaten von dannen schickte in eine mir fremde Welt; ob er mich wieder nach dort, wo ich so manche süße Stunden in innigster Vereinigung mit ihm verleben durfte, holt? - Ja, Erinnerung, süße holde Erinnerung, was nützt du mir, was nützet all das Schmachten und Sehnen? Nur eines ist das echte Nützliche - das Leiden für und mit ihm, dem Allmächtigen. Seine schützende Hand stand bis zur Stunde fühlbar über mir; ja vertrauen wir ihm blind, opfern wir alle unsere Tränen ungeweint ihm auf. Fort mit aller Sentimentalität. Außer den ersten drei Wochen im Anfange meiner Lehrzeit in Ravensbrück war ich Pflegerin im Krankenbau, in Auschwitz dann auch im Krankenbau Wirtschafterin etc., anschließend führte ich die im Krankenbau befindliche Diät- u. Brotküche von ca. bis zu 3.000 Personen. Seit 15. Mai bin ich im SS-Lazarett. Habe alles genug - fehlt mir an nichts, bin in der Küche. Hier habe ich mich gut erholt, bin dick wie nie!!! Wie ist es denn mit unserem lieben, schönen Heim? Tragen meine lieben Mitschwestern noch die Ordenskleider? Gebe der liebe Gott uns doch bald den so heiß ersehnten Frieden. Waren bei euch auch schon Bomben? Oder im Sauerland? Wenn aus meinem Verwandtenkreis jemand sterben sollte, so bitte ich um

klare Mitteilung, nur keine Schonung, ich bin hart und ertrage alles. Hoffe aber, dass es euch allen sehr gut geht und ihr gesund seid. Im Verein mit dem (schlafenden) Jesulein rufe ich euch allen einen herzlichen Weihnachtsgruß entgegen. Gebenedeit sei die Stunde, in der uns das Jesulein geboren wurde; steuern wir weiter dem Hafen entgegen, mit jedem Tag sind wir näher am Ziele. Einen innigen Friedenskuss, herzlichen Händedruck für alle, alle, bin ich in der Liebe Jesu immer eure Tochter und Schwester Maria.
Einen alten Schott und ein altes Offizium, wenn mein liebes Muttchen hat, wäre meine größte Freude. Der Herr würde mir es gerne mitbringen - auch das Buch: Schwester Beate die Zirkusreiterin?" *(Brief 84)*

SCHWINDENDE HOFFNUNGEN

Schwester Angela hofft noch immer auf Freiheit, wie sie auch in ihren letzten Briefen kundtut. Ein pessimistischer Schatten beginnt sich jedoch mit ihren Wünschen und Hoffnungen auf Freiheit zu vermischen. Im September 1942 bittet sie ihre Schwestern im Orden, keine Anstrengungen mehr zu unternehmen, um sie freizubekommen. Sie erwartet, dass der Ablauf der Ereignisse ihr die Freiheit bescheren würde. Und am 1. April 1944 schreibt sie aus einem reifen und weise angenommenen Realismus heraus: "Die Cillerl ist durch ihre Erlebnisse nicht mehr so naiv, aber sie bereut auch keine Minute und ist ihr nicht leid darum". *(Brief 89)*

In jedem Fall nimmt sie immer den Willen Gottes an: "Wenn Dr. Lamprecht auf seinen Urlaub verzichtet, wird es auch Cillerl müssen. Na ja, sie ist ja immer einverstanden, wie er es will." *(Brief 79)*

Im Juni 1944 berichtet sie ihren Schwestern: "Bruckeronkel (der Gestapochef von Innsbruck) lässt Cilli gehen, aber Onkel

Heini (Heinrich Himmler) muss noch mit. Max und Moritz wissen schon warum." *(Brief 91)*

Wir können uns Schwester Angelas Leid vorstellen, als sie die wertvolle Gabe der Freiheit ersehnt. Ihr Leben nach den Drei Göttlichen Tugenden und ihre Annahme des Kreuzes Christi bewirken, dass sie Siegerin bleibt aufgrund ihres bewundernswerten Lebens nach dem Evangelium.

TREUE, DIE HELDENMUT ERFORDERT

Es gibt eine Treue, die nichts kostet, weil sie einträglich ist und belohnt wird. Es gibt eine Treue, die mehr kostet, bei der es aber nicht schwierig ist, sie aufrechtzuerhalten. Es gibt aber auch eine Treue, die ein hohes Maß an Heldenmut erfordert.

Schwester Angela blieb ihrem Wort treu, das sie vor Gott und der Kirche feierlich gegeben hatte, dem gehorsamen, jungfräulichen und armen Christus durch ein geweihtes Leben im Trinitarierorden nachzufolgen, und das auf heldenhafte Weise.

Wir kennen ihre Sehnsucht nach Freiheit, ihren natürlichen und verständlichen Wunsch, das Joch der Gefangenschaft in dieser schrecklichen Hölle der Nazi-Lager abzuschütteln.

Nun gut, Schwester Angela hielt den Brief zur Freiheit in Händen. Aber das war nicht vereinbar mit ihrem Versprechen und ihrem Lebensweg.

Am 14. März 1944 schreibt sie ihrer Gemeinschaft einen unzensierten Brief. Diesmal führte sie als Absender den SS-Rottenführer Wiedermann an. In ihm drückt Angela ihre Wünsche nach Freiheit aus, wenn schon nicht, um ins Kloster zurückzukehren - denn das erlauben die Nazis nicht -, so zumindest zu ihrer Familie, von der aus sie mit ihrem Kloster in Verbindung treten könnte. Sie fügt hinzu: "Gerne möchte man mich zu den Freien Schwestern (F.S.) stecken, aber ich habe dagegen schon seit fast einem Jahr gekämpft - ich möchte nur nach Hause, wenn ich schon nach dort nicht darf."

Und am 1. April 1944 schreibt sie dasselbe, diesmal allerdings verschlüsselt: “Und Gela möchte man gar nicht lassen, sondern nach ihrem Urlaub dort behalten, aber ich weiß, sie will es nicht.” *(Brief 89)*

Das ist das Beispiel eines Lebens aus der Kraft des Geistes, im Einklang mit dem Wort, das sie am 28. September 1938 vor Gott und der Kirche gesprochen hat:

“Ich, Schwester Angela Maria vom Heiligsten Herzen Jesu, mache meine Profess und gelobe der Heiligsten Dreifaltigkeit für immer Gehorsam, Armut und Keuschheit...”

ANGELAS HERZ HÖRT AUF ZU SCHLAGEN

Am 31. Dezember 1944 schrieb die Krankenschwester des Roten Kreuzes, Cäcilia Menzler - heute Cäcilia Bader -, an die Schwester Oberin von Mötz, Michaela Roth, folgenden Brief:

“Leider muss ich Ihnen berichten, dass Angelchen Weihnachten oben im Jenseits feierte. Am 23. 12. abends um ¾7 war ein einzelnes Flugzeug. Ohne Alarm setzte es uns zwei Bomben. Grad war das Kommando am Ausrücken. Angela bekam einen Splitter in die Lunge und war sofort tot. Trauernd standen alle um seine Liebe, die für jede Mutter war. Jedem kam sie mit Liebe und gutem Beispiel zuvor. Sie verstand alle zu trösten. Sie drückte mir die Hand, bevor sie ausrückte, ich möchte an sie in der Heiligen Nacht denken, und in wenigen Minuten war sie selbst beim göttlichen Kinde.

Liebe Frau Oberin, wir haben eine kleine Heilige, die für uns am Throne Gottes Fürsprecherin ist. Jeder hat Angelchen gern gehabt, ihre Liebe und Aufrichtigkeit. Für die Welt war sie zu gut, daher hat sie das Göttliche Kind geholt. Ihre Sehnsucht nach Empfang der hl. Sakramente war zu groß. - Am 2. Weihnachtstag wurde das Lazarett in Trümmer gesetzt. Gut war es, dass sie nicht mehr mitmachen brauchte. Es war schrecklich, die vielen Verluste.

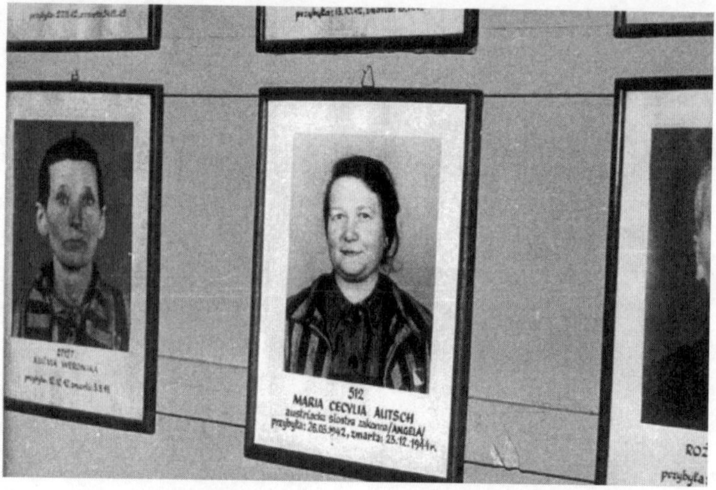

Das Bild von Sr. Angela im "Museum" des ehemaligen KZ Auschwitz

Nun stehen wir da und wissen nicht, was mit uns wird. Vorläufig sind wir hier auf einige Tage untergebracht. Vielleicht kommen wir weiter ins Reich. Liebe Frau Oberin, ich möchte Sie bitten, davon keinen Gebrauch zu machen. Sie wissen, wie ich es meine. Ich glaube, Sie werden noch keine Nachricht haben. Daher möchte ich Sie herzlich bitten, davon nichts zu erwähnen. Angela erzählte mir öfter von Ihnen, liebe Frau Oberin, daher habe ich mir Ihre Angschrift geben lassen, um Ihnen zu berichten. Ich habe für sie gleich eine hl. Messe lesen lassen für ihre Seelenruhe.

Es grüßt Sie, liebe Frau Oberin, und den ganzen Konvent

C. Menzler"

Frau Dr. Margita Schwalbová beschreibt die Ereignisse ihrerseits:

"23. Dezember 1943. Der Tag vor dem Heiligen Abend. Tiefschwarzer Himmel. Ein golden strahlender Mond begoss das Lager mit weißlicher Glut. Eine Schneedecke bedeckte die Erde, in ihr lagen unsere Blöcke wie stumme, schwarze

Striche. Ich trete in unsere kleine Stube neben der Ambulanz und sage zu den Kameradinnen: ‘Heute wird es sicher einen Fliegerangriff geben, es ist so hell wie am helllichten Tag.’ Kaum habe ich es ausgesprochen, erschüttert den Block eine einzige, furchtbare Explosion. Automatisch senken wir die Köpfe. Dann folgen Rufe: ‘Licht aus, Fliegeralarm!’ Nachher ist alles still und dunkel. Wir warten, aber nichts folgt. Minuten vergehen, eine nach der anderen. Plötzlich leuchtet wieder die Beleuchtung am Stacheldraht auf. Auf der Bahre wird eine verletzte Frau ins Revier gebracht. Wir erfahren: Volltreffer ins SS-Lazarett. Es waren dort Waffen und Pläne versteckt gewesen. Viele SS-Männer sind tot. Die Häftlinge, die im Lazarett arbeiteten, waren ausgerückt. Nur eine einzige Frau wurde durch einen Splitter verletzt. - ‘Und was ist mit Angela?’ fragte ich. ‘Angela ist tot - Herzschlag!’ “

Treffend sagt Rosa Jochmann:
“Dass MARIA am Herzen sterben musste, ohne Arzt zu sein, kann ich es verstehen, denn sie trug von Tag zu Tag und von Jahr zu Jahr das Elend und Leid in dieser Welt in ihrem so wunderbaren Herzen.”

“Am nächsten Tag war Heiliger Abend. Man schickte mir Angelas Halskette mit einem Kreuz und einem Kleeblatt darauf, welche sie immer trug. Traurig sang die Nacht. Die Stille weinte. Aus ihr sahen mich deine blauen Augen leuchtend wie ein Kinderlächeln an, Angela, deine dauernd gebenden Hände, dein gerader, kompromissloser, heller Weg, plötzlich ertränkt bei den ersten Anzeichen einer Morgenröte.
Wie oft ich auch an Menschen zu zweifeln begann, du verstandest es immer, mir meinen Glauben wiederzugeben, du herrlicher, wahrer MENSCH - ANGELA!” (Dr. Schwalbová)

Die Schwester Oberin, Michaela Roth, die von Schwester Angela so sehr geliebt worden ist, listet im Aktenbuch der

Gemeinschaft alle wichtigen Daten aus Schwester Angelas Ordensleben auf. Die letzte Eintragung lautet:

"+ am 23. XII. 1944 als Märtyrin im Konzentrationslager Auschwitz-Schlesien - wo sie 4½ Jahre zubringen musste."

Am 25. April 1945 teilte die Generaloberin Schwester Angelas Tod wie folgt der Kongregation mit:

"Vergangenen Monat erhielten wir vom Spanischen Konsul in Wien einen Brief, in dem er uns mitteilte, einen Brief unserer Mutter Michaela von den Heiligen, die sich in Mötz befindet, erhalten zu haben, in dem sie ihn bat, uns den Tod unserer Schwester Angela Maria vom Heiligsten Herzen Jesu mitzuteilen. Sie starb am 23. Dezember 1944 in Schlesien, nachdem sie viereinhalb Jahre in einem Konzentrationslager gefangen war.

Das ist alles, was wir über ihre Krankheit und ihren Tod wissen. Wir können uns aber vorstellen, wie viel sie in diesen viereinhalb Jahren zu leiden hatte. Wenn wir eines Tages die Möglichkeit eines Briefwechsels haben sollten, wollen wir uns eingehender erkundigen.

Der Herr möge dies als Verdienst für ihre Erlösung angenommen haben.

Wir wollen ihr die Gebete nicht vorenthalten. Da sie unsere Schwester ist, richten wir uns dabei nach den Vorschriften der Konstitutionen und dem, was uns die Liebe noch zusätzlich eingibt."

Die Nachricht von Schwester Angelas Tod versetzte den Schwestern in Mötz einen schweren Schlag. Sie ließen für sie eine Seelenmesse feiern und einige Andenkenbildchen drucken. Auf ihnen stand der schöne und passende Satz: "Unsere gute Schwester Angela war für alle wie ein Sonnenstrahl."

Die Schwestern vergaßen Schwester Angela nicht, vermieden aber wegen der Umstände jeden Kontakt zu den Nazis und hielten ehrerbietiges Schweigen. Sie bewahrten voll Verehrung ihre wertvollen Briefe auf und ließen ihr am Friedhof der Gemeinschaft in Mödling eine Gedenktafel setzen. Im Kloster scheinen Name und Foto in der Liste der verstorbenen Schwestern auf. Gut passen auf sie die Worte, die der österreichische Dichter Ernst Degasperi Schwester Angela gewidmet hat:

"Fröhlich bezeugtest du mich,
den Gott des Lebens,
im Lager des Todes"

LETZTER AKT DES ZYNISMUS DER NAZIS

Man könnte meinen, dass die schmerzliche, wenn auch glorreiche Geschichte mit Schwester Angelas Tod beendet gewesen wäre. Aber es fehlt noch die letzte Szene dieses Dramas:

Aus Dr. Margita Schwalbovás Brief vom 7. Juni 1947 an Herrn Heimes, Schwester Angelas Schwager, geht hervor, dass dieser von den Verantwortlichen des Konzentrationslagers die Asche ihres verbrannten Leichnams erhalten habe. Das war ein von den Nazis behaupteter Beweis ihres Respekts gegenüber den verstorbenen Gefangenen und ihrer Aufmerksamkeit gegenüber den Angehörigen. In Wirklichkeit handelte es sich um das letzte Glied einer ununterbrochenen Kette von raffiniertestem Zynismus. Das ließ Frau Dr. Margita Herrn Heimes im oben genannten Brief wissen: "Sie wurde - wie alle Häftlinge - im Krematorium verbrannt. Da aber diese Verbrennungen massenweise vor sich gingen, ist es unmöglich, dass Sie ihre Asche bekommen konnten. Das war Betrug."

Die Direktion des Konzentrationslagers Auschwitz bot auch den Schwestern in Mötz eine Urne mit Schwester Angelas Asche an. Sie nahmen sie aber nicht an, wussten sie doch genau, dass dies nur eine Farce war.

Gedenktafel an Sr. Angela in der Pfarrkirche von Mötz

"MIT DIR VEREINT ZU ALLER ZEIT"

"Was kann uns scheiden von der Liebe Christi? Bedrängnis oder Not oder Verfolgung, Hunger oder Kälte, Gefahr oder Schwert? Doch all das überwinden wir durch den, der uns geliebt hat." *(Röm 8, 35.37)*

"Doch was mir damals ein Gewinn war, das habe ich um Christi Willen als Verlust erkannt. Ja noch mehr: ich sehe alles als Verlust an, weil die Erkenntnis Christi Jesu, meines Herrn, alles übertrifft. Seinetwegen habe ich alles aufgegeben und halte es für Unrat, um Christus zu gewinnen. Christus will ich erkennen und die Macht seiner Auferstehung und die Gemeinschaft mit seinen Leiden; sein Tod soll mich prägen. So hoffe ich, auch zur Auferstehung von den Toten zu gelangen." *(Phil 3,7-8.10-11)*

Schwester Angela hätte sich diese Worte des heiligen Paulus gut zu eigen machen können. Nichts konnte sie von der Liebe Christi trennen. Sie umarmte ihr Kreuz. Sie wusste, dass aus ihm das Leben, die Auferstehung erwachsen würde. Wenn ihr Schmerz auch noch so groß war, immer fühlte sie sich von Gott geliebt. Deshalb ist sie Siegerin geworden. Sie glaubte fest an den Gott des Lebens, den Jesus Christus kundgetan hat. Für ihn hat sie alles verloren. Aber sie hat Christus gewonnen. Und indem sie selber starb, ist sie zur Auferstehung gelangt.

Schwester Angela hat den Herrn oft gebeten, ihr den Kelch des Leidens zu trinken zu geben. Und wahrhaftig, sie wurde erhört. Die Gedichte, die wir von ihr haben, drücken häufig diesen Wunsch aus. Mit folgendem schönen Beispiel wollen wir ihre Biographie beenden:

"Uns zu entreißen dem Verderben
Musst' Gott, der große Gott, zum Menschen werden.
Den bittersten der Kelche er getrunken
Zu stillen etwa reiner Liebe Gluten.
Liebster Jesus, für uns alle gingst du hin zu sterben.
Möcht auch ich den Himmel mir erwerben.
Lass auch mich den Kelch des Leidens trinken hier,
Und dann mein Jesus, lass mich sterben, ach, mit dir.
So bin ich dann mit dir vereint zu aller Zeit,
Mit dir, o großer Gott und Vater, in der Ewigkeit."

(Brief 34)

SCHWESTER ANGELA IN DER ERINNERUNG

SO ERINNERN SICH AN SIE:

Herr Werner Balzer, Schwester Angelas Neffe:

"Sie kam oft zu uns. Stets hatte sie kleine Geschenke für die Kinder und war bei allen sehr beliebt."

Die Brüder Werner und Arnold Balzer, Schwester Angelas Neffen:

"Mariechen war stets hilfsbereit und liebenswürdig gewesen".

Frau Mathilde Löcker, 90 Jahre alt, Freundin der Familie Autsch:

"Sie konnte ja alles und war so hilfsbereit und gefällig. Sie war ein guter Kamerad." Bei der Erinnerung an Mariechen kamen ihr immer wieder Tränen in die Augen.

Frau Hedwig Urner, eine entfernte Angehörige Schwester Angelas:

"Sie kleidete sich stets nach der neuesten Mode, aber sie trennte sich leicht von ihren Sachen. Sie hing an nichts."

"Mariechen war eine ganz feine Person, stets hilfsbereit und recht geschickt im Umgang mit Kindern."

Herr Baumhoff, Bruder einer Freundin Schwester Angelas:

"Das Mariechen war ein gutes Mädchen"

Frau Maria Feres, Mötz:

"Schwester Angela war eine liebe Schwester gewesen"

Frau Neuner-Praxmarer, Mötz:

"Die Schwester hat niemandem etwas getan, war stets freundlich zu allen gewesen und war doch so fleißig, bescheiden und geschickt."

Ihre Mitschwestern:

"Die Schwestern sprachen oft von Schwester Angela. Sie erinnerten sich an sie als eine fromme, geschickte, praktische, ehrliche, untadelige, treue, fröhliche Ordensfrau, die für alle ein Herz hatte. Die Schwestern verehrten Schwester Angela wie eine Heilige und bewahrten ihre Briefe wie einen Schatz."

Frau Trenkwalder, Schwester Angelas Kameradin in Innsbruck:

"Sie ist die Person gewordene Güte, die man immer wieder bewundern muss."

"Sie lebte voll und ganz aus dem Glauben."

"Sie ist der beste Katholik meines Lebens."

Eine Kameradin Schwester Angelas in Ravensbrück:

"Sie war wie eine Mutter zu mir."

"Maria war wie ein Sonnenstrahl in der finsteren Hölle."

"Wenn sie in der Nähe war, fühlte man sich wie neu geboren."

"Maria war eine Heilige in der Hölle des KZs."

Frau Rosa Jochmann, Blockälteste und Schwester Angelas Kameradin in Ravensbrück, Ex-Abgeordnete zum Österreichischen Nationalrat:

"In mir bleibt das Glück, Maria gekannt zu haben, sie war schon auf Erden ein Engel."

"Es vergehen wenige Tage, wo ich nicht an diesen Menschenfreund Maria denke, und diese Maria gekannt zu haben ist ein Geschenk fürs Leben.

In tiefer Verehrung und Dankbarkeit denke ich an Maria, die niemals klagte, für jeden Menschen Verständnis hatte, die dort in dieser furchtbaren, nicht wiederzugebenden Zeit zu unser aller Helferin und Trösterin wurde und die eingeschreint bleibt in unseren Herzen, denn auch jetzt, so lange Zeit später, gibt die Erinnerung an Maria Kraft in jeder Situation!"

Frau Haslwanter, Schwester Angelas Kameradin in Innsbruck und Ravensbrück:

"Schwester Maria war zu allen gut."

"Schwester Angela war für mich wie ein Sonnenschein."

Frau Schwendter, Schwester Angelas Kameradin in Innsbruck, Ravensbrück und Auschwitz:

"Ei, die Angelika, die war ja so lieb, die hatten wir alle gern."

Frau Teichner, Schwester Angelas Kameradin in Auschwitz-Birkenau:

"Schwester Angela war eine charaktervolle Frau, ein Mensch, der seinen Blick immer auf den Nächsten richtete."

Frau Margita Schwalbová, Schwester Angelas Freundin und Kameradin in Auschwitz-Birkenau:

"Das Herz, das sie in ihrer Brust trug, vermochte mit seiner Wärme Tausende Herzen, Tausende Leiden zu besänftigen."

"In dieses Irrenhaus kam Angela wie ein Lächeln der Morgenröte, wie ein Strahl des Sonnenlichtes."

"Sie wusste, dass ich Atheistin war, trotzdem breitete sie mit Begeisterung in ihren Augen immer wieder ihren Glauben vor mir aus wie einen Blumengarten."

"Wie oft ich auch an Menschen zu zweifeln begann, du verstandest es immer, mir meinen Glauben wiederzugeben, du herrlicher, wahrer MENSCH - ANGELA!"

"In dieser Hölle war es für mich eine große Erleichterung, Schwester Angela getroffen zu haben. Dasselbe aber könnten hundert und aberhundert Frauen sagen, denen sie mit

ihrer großen und uneigennützigen Liebe weiterhalf.
Sie war eine wunderbare Frau. Immer hatte sie das Lächeln eines Kindes auf ihren Lippen, sie war selbstlos und mutig. Sie versuchte allen zu helfen, wo sie nur konnte, oft setzte sie ihr Leben aufs Spiel. Von der Kleiderkammer und der Küche aus linderte sie das Leiden vieler Gefangenen, vor allem der bedürftigsten. Sie trachtete danach, Essen, Wasser und Kleider unter den Bedürftigsten zu verteilen. Sie rettete vielen das Leben."
"Sie war uneigennützig, selbstlos und mutig. Sie dachte immer darüber nach, wie sie den anderen helfen konnte, obwohl sie wusste, dass sie damit oft ihr Leben aufs Spiel setzte. Ihre Liebe zu den Menschen und ihre Opferbereitschaft waren sehr groß und rührend. Alles machte sie in ihrer Natürlichkeit und mit einem warmen Lächeln aus ihren himmelblauen Augen. Sie war eine MENSCHLICHE PERSON im eigentlichen, vollen und schönen Wortsinn.
Behalten Sie Angela in angenehmer Erinnerung und seien Sie stolz darauf, eine so wertvolle Person als Mitschwester gehabt zu haben."

Frau Cäcilia Bader, Krankenschwester des Roten Kreuzes in Auschwitz-Birkenau:

"Hier begegnete ich Angela, dem Engel von Auschwitz, wie sie von den Mitgefangenen genannt wurde... Durch ihre aufopfernde Hilfsbereitschaft wurde sie mir bald zum Vorbild. Sie half allen, wo sie nur konnte. Es war ein sehr schönes, harmonisches Zusammenleben mit ihr... Sie erzählte mir viel von ihrem Orden und den Mitschwestern... Sie hat nie geklagt, war stets hilfsbereit und gottergeben. Für mich war sie schon damals eine Heilige... Für die Mitleidenden war sie wie eine Mutter. Für jeden hatte sie ein gutes Wort."
"Es ging von ihr immer ein Lächeln, nie hat man sie mit einem ernsten Gesicht gesehen, sie hatte eine wunderbare Ausstrahlung."

NACHWORT

KANN MAN NACH AUSCHWITZ NOCH GLAUBEN?

Auschwitz ist durch seine schreckliche und grausame Geschichte Ausdruck des Übels und der menschlichen Schmerzen geworden. Angesichts der großen Grausamkeit und des Sadismus wird Auschwitz zu einem Begriff, in dem alle Bosheiten und Leiden des Menschen enthalten sind. Daher wird vor diesem Problem des Übels immer wieder die Frage gestellt: Wie soll man nach Auschwitz noch an Gott glauben? Das Übel in der Welt wird zu einem Beweisgrund gegen Gott, zum Felsen des Atheismus (Georg Buchner). Wenn Gott gut, umsichtig und allmächtig ist, wie hat er dann diesen Holocaust zulassen können?... Es ist das Dilemma, das seit Epikur bis zu den modernen Rationalisten immer gleich formuliert wurde: "Entweder kann Gott das Übel nicht abwenden und ist daher nicht allmächtig, oder er kann es und will es nicht und ist daher nicht gerecht und gut. Oder er kann und will es nicht, was sowohl seine Allmacht, als auch seine Güte zunichte machen würde. Oder er kann und will. Warum aber gibt es dann das Übel und das Leid auf dieser Welt?" In seiner Kurzform wird das Dilemma so ausgedrückt: "Entweder will Gott das Übel abwenden und kann es nicht und ist daher nicht allmächtig, oder er kann es abwenden und will es nicht und ist daher nicht gut."

In der Vergangenheit hat die Theologie - und auch die Philosophie - schnelle und einfache Antworten auf dieses Problem gegeben, indem sie das Leiden als liebenden Erweis Gottes erklärt hat, als Läuterung, gerechte Strafe für die Sünde, barmherzige Ermahnung Gottes, notwendigen Beitrag zu einer "höheren Eintracht" etc. Diese Erklärungen hinken angesichts eines Holocausts, wie dem von Auschwitz, ja sogar angesichts der Tränen eines Kindes, wie das Simone Weil formuliert hat. Heute ist die Theologie in diesem Punkt bescheidener und zurückhaltender. Wir wollen hier aber keinen philosophischen oder theologischen Diskurs anstellen. Es ist dies dafür nicht der passende Rahmen. Es gibt Studien, die sehr tief gehen. Unser Bezugspunkt ist der Glaube. Wir Gläubigen entdecken in ihm das Licht, das dieses schwierige und dunkle Problem erhellt.

KREUZ UND AUFERSTEHUNG

Es gibt viele Menschen, die, auch wenn sie noch so ehrlich nach einem Sinn des Übels suchen, ihn doch nie ergründen. Das ist verständlic; vor allem wenn sie die Bitterkeit des Lebens zu spüren bekommen haben und so nicht mehr den lebendigen Bezug zu einer höheren Wirklichkeit haben, die neue und andere Perspektiven eröffnet als die rein menschlichen.

Viktor E. Frankl, international bekannter Professor für Neurologie und Psychiatrie an der Wiener Universität, der sich im Konzentrationslager Auschwitz entschlossen hat, seinen Leidensgefährten dabei zu helfen, den Sinn des menschlichen Lebens auch in jener Lage der Trostlosigkeit und des Todes zu entdecken, und der auch selbst ein lebendiges Beispiel dessen war, was er verkündete, schreibt: "Die geistige Freiheit des Menschen, die man ihm bis zum letzten Atemzug nicht nehmen kann, lässt ihn auch noch bis zum letzten Atemzug Gelegenheit finden, sein Leben sinnvoll zu gestalten... Aber nicht nur schöpferisches und genießendes Leben hat einen Sinn, sondern: Wenn Leben überhaupt einen Sinn hat, dann muss auch Leiden einen Sinn haben." Und etwas später sagt er, dass "menschliches Leben immer und unter allen Umständen

Sinn habe, und dass dieser unendliche Sinn des Daseins auch noch Leid und Sterben, Not und Tod in sich mit einbegreife."

Der Christ erkennt aus seinem Glauben heraus, trotz aller Verschleierungen und aller Unentschlossenheit in der fortlaufenden Offenbarung, in der auch die vielgestaltige Geschichte des Menschen mit all seinem Auf und Ab enthalten ist, bereits im Alten Testament einen heilenden und befreienden Gott, das heißt, einen Gott, der sich auf die Seite des leidenden Menschen stellt und gegen das Übel ankämpft, das ihn zerstört.

Diese Erkenntnis erreicht ihren Höhepunkt und ihre Fülle im Ereignis Jesu, dessen Leben klar gegen jede Unterdrückung und Ungerechtigkeit gerichtet war. Er stellte sich auf die Seite der Armen, der Sünder, der Kranken und aller von der Gesellschaft Ausgestoßenen. Er kämpfte gegen das Übel so weit, dass er sogar das Leben hingab und so einen liebenden und barmherzigen Gott offenbarte, einen Gott, der gegen das Übel ist.

Wenn Frankl aus seiner anthropologischen Überzeugung heraus - ich glaube, dass er dabei vom Glauben an einen nichtchristlichen Gott erleuchtet war - fähig war, dem Leiden und Sterben Sinn abzugewinnen, so finden wir Christen den vollen Sinn des menschlichen Lebens mit aller möglichen Last des Leidens und Sterbens im Kreuz Christi, in dem sich Gott Vater mit seinem gekreuzigten Sohn solidarisiert hat und in ihm mit allen Gekreuzigten, die jemals auf Erden waren, sind und sein werden. Er erlaubt es nicht, dass alles in den Tod zurückfällt, sondern bewirkt, dass dieser nur das Tor zum Leben ohne Ende sei, zum Leben ohne Leid und ohne Tod, und zu dem er seinen Sohn und in ihm auch alle Söhne und Töchter berufen hat durch die Auferstehung.

Mehr noch, "in der Auferstehung Christi wird uns nicht nur der Triumph der heilenden Kraft Gottes über das Übel und den Tod offenbart, sondern auch der Sieg der Gerechtigkeit Gottes über die Ungerechtigkeiten der Menschen. Das heilende Eingreifen Gottes bei der Auferweckung des Gekreuzigten enthüllt uns seinen endgültigen Protest und seine entscheidende Reaktion gegenüber der Ungerechtigkeit und der Verwundung der menschlichen Würde. Gott ist der letzte Verteidiger und Retter der Gekreuzigten." So schreiben die spanischen Bischöfe in ihrem Fastenhirtenbrief 1986.

Das ist ein Glaubensfaktum. Daher "kann sich uns diese Sinngebung des Leidens nur offenbaren, wenn wir uns Gott überlassen in einem festen Glauben und einer unzerbrechlichen Hoffnung als letzter Wirklichkeit unserer Existenz", wie Karl Lehmann schreibt. Durch diesen Glauben und diese Hoffnung erhält der Christ die unerschütterliche Gewissheit, dass das Leben über den Tod, die Liebe über den Hass triumphiert.

Durch die Offenbarung und das Ereignis Jesu weiß der Christ, dass "sich im Kreuz Christi die Erlösung nicht nur durch das Leiden vollzogen hat, sondern dass das menschliche Leiden selbst erlöst wurde", dass "jeder Mensch in seinem Leiden am erlösenden Leiden Christi teilhaben kann", dass "das Mysterium des Leidens Teil des österlichen Mysteriums ist", dass "die Teilhabe an den Leiden Christi gleichzeitig Leiden für das Reich Gottes ist", dass "diejenigen, die an den Leiden Christi teilhaben, durch ihr eigenes Leiden auch dazu berufen sind, an der Herrlichkeit teilzuhaben". (Johannes Paul II., Salvifici Doloris). Sie können deshalb mit dem heiligen Paulus sagen: "Ich bin überzeugt, dass die Leiden der gegenwärtigen Zeit nichts bedeuten im Vergleich zu der Herrlichkeit, die an uns offenbar werden soll." (Röm 8,18). Und so - ohne dass dies eine stoische Verachtung des Leidens oder Unempfindlichkeit gegenüber dem Schmerz sein soll - können sie auch ausrufen: "Jetzt freue ich mich in den Leiden, die ich für euch ertrage. Für den Leib Christi, die Kirche, ergänze ich in meinem irdischen Leben das, was an den Leiden Christi noch fehlt." *(Kol 1, 24)*.

Der "gekreuzigte Gott ist auch heute noch anwesend in den neuen Gekreuzigten unserer Zeit. Die beste Art ihn anzutreffen ist es, mit den Leidenden zu leiden, mit ihm in der Passion der Gekreuzigten zu verweilen" (Fastenhirtenbrief). Durch die Offenbarung und das Christusereignis weiß sich der Christ mit allen Gekreuzigten dieser Welt solidarisch, denn mit ihnen identifiziert sich ihr Herr *(Mt 25, 40)*. Er fühlt sich ebenso verantwortlich im Kampf gegen jede Form von Ungerechtigkeit und Bosheit.

VOR SCHWESTER ANGELAS ZEUGNIS

Kann man nach Auschwitz noch an Gott glauben?...

Vor Schwester Angelas Zeugnis und dem tausender Christen - und Nichtchristen -, die wie Schwester Angela durch ihren Glauben dem gekreuzigten Leben in Auschwitz einen tiefen Sinn zu geben wussten, die fest an den Triumph des Lebens über den Tod geglaubt haben, die Gott aus der Tiefe ihres Schmerzes angebetet und ihr Leben eingesetzt haben, um ihre Brüder und Schwestern, sichtbare Zeichen für Christus, aufzurichten, muss man voll Freude ausrufen, dass es nicht bloß möglich, sondern auch Wirklichkeit geworden ist, nach Auschwitz noch an Gott zu glauben.

BIBLIOGRAPHIE

Adler, H. G. - Langbein, H. - Lingens - Reiner, E., Auschwitz. Zeugnisse und Berichte, Frankfurt am Main 1988.

Argos, Enciclopedia temática, 94 Historia Universal - II, Barcelona 1970.

Auschwitz faschistisches Vernichtungslager, Warszawa 1978.

Auschwitz in den Augen der SS, Katowice 1981.

Bamenohl, Eine kleine Ortsgeschichte, Bamenohl 1979.

Bruha, A., Ich war keine Heldin, Wien 1984.

Bruns, A., Die gute alte Zeit, Das Sauerland um die Jahrhundertwende, Fredeburg 1982.

Cipollone, G., Trinitarias de Valencia. Período fundacional (1880-1919), Godella (Valencia) 1986.

Der Zellenbau Ravensbrück, Fürstenberg/H. 1987.

Dünschede, Heimatgeschichtliche Beiträge zu einem alten Kirchspiel, Attendorn-Dünschede 1974.

Frankl, V.E., ...Trotzdem Ja zum Leben sagen, München 1986.

Garscha, W., Der Weg zum "Anschluss"

Gilbert, M., Endlösung. Die Vertreibung und Vernichtung der Juden. Ein Atlas, Reinbeck bei Hamburg 1982.

Hefte von Auschwitz, 17, Oswiecim 1985.

Holzner, J. - Pinsker, A. - Reiter, J. - Tschol, H., Zeugen des Widerstandes, Innsbruck 1977.

Hömberg, A. K., Heimatchronik des Kreises Olpe, Köln 1967.

Johannes Paul II., Salvifici Doloris, Ed. Paulinas, Madrid 1984.

Langbein, H., Menschen in Auschwitz, Wien 1987.

Lehmann, K., Jesucristo nuestra esperanza, Santander 1982.

Mann, G., Deutsche Geschichte des 19. und 20. Jahrhunderts, Ulm 1987.

Marchionni, I., Note sulla storia delle origini dell'Ordine della SS. Trinità, Roma 1973.

Marsaleck, H.-Hacker, K., Kurzgeschichte der Konzentrationslager Mauthausen und seiner größten Nebenlager Gusen, Ebensee, Melk.

Müller, Ch., Die Klempnerkolonne in Ravensbrück, Berlin 1987.

Polyglott-Reiseführer, Sauerland, München 1976.

Schillebeeckx, E., Christus und die Christen. Die Geschichte einer neuen Lebenspraxis, Freiburg-Basel-Wien 1977.

Schwalbová, M., Vyhasnuté Oci, Bratislava 1949. Das 2. Kapitel: in In Liebe sucht dich unser Herz, Selbstverlag der Kongregation der unbeschuhten Trinitarierinnen, Mödling 1987.

Schwester Angela Maria vom Heiligsten Herzen Jesu. Schriften der Dienerin Gottes, Maria Roggendorf 1992.

Smolén, K., Auschwitz. Ein Gang durch das Museum, Katowice 1981.

Sporrer, M. - Steiner, H., Rosa Jochmann. Zeitzeugin, Wien 1983.

Stein, E., Am Kreuz vermählt, Ausgewählt und eingeleitet von Norbert Hartmann, Zürich-Einsiedeln-Köln 1984.

Steinwender, L., Christus im KZ, Salzburg 1946.

Stojka, C., Wir leben im Verborgenen, Hrsg. von Karin Berger, Wien 1988.

Torres Queiruga, a., Creo en Dios Padre, Santander 1986.

Tschol, H., Otto Neururer, Priester u. Blutzeuge, Innsbruck-Wien 1983.

Widerstand und Verfolgung in Österreich, Wien 1988.

WIEN 1938, Historisches Museum der Stadt Wien. 110. Sonderausstellung, Wien 1988.

UNVERÖFFENTLICHTE MASCHINGESCHRIEBENE SCHRIFTEN

Gitter, H., 1. Tirolerreise. Gedächtnisprotokoll. Chronik über die erste Tirolreise vom 13. bis 15. Juni 1986 zum Zweck, Informationen über Schwester Angela einzuholen. Archiv der Trinitarierinnen in Mödling.

Dies., 2. Tirolerreise. Gedächtnisprotolkoll. Chronik über die zweite Tirolreise vom 29. bis 31. Mai 1987. Archiv der Trinitarierinnen in Mödling.

Dies., Deutschlandreise. Chronik über die Deutschlandreise vom 6. bis 17. August 1987. Archiv der Trinitarierinnen in Mödling.

Dies., Gedächtnisprotokoll betreffend Sr. Angela Autsch. Chronik vom 8. Juni 1987. Archiv der Trinitarierinnen in Mödling.

Dies., Gedächtnisprotokoll der 3. Tirolerreise. Chronik über die dritte Tirolreise vom 25. bis 28. Juli 1987. Archiv der Trinitarierinnen in Mödling.

Tigges, P., Eine Zeugin aus dem KZ Ravensbrück. Archiv der Trinitarierinnen in Mödling.

Ders., Maria Autsch, Schwester Angela vom heiligsten Herzen Jesu. Archiv der Trinitarierinnen in Mödling.